THE
STOICISM WORKBOOK

斯多噶心理韌性練習簿

用書寫與自己對話,
成為順應變化、
勇於突破困境的斯多噶人!

How the Wisdom of Socrates Can Help You
Build Resilience and Overcome Anything Life Throws at You

史考特・瓦特曼 Scott Waltman、川特・寇德三世 R. Trent Codd III、凱西・碧爾思 Kasey Pierce ── 著

沈台訓 ── 譯

獻給所有以為哲學難懂，
卻在身處逆境時會向其尋求慰藉的朋友。
本書是專為你而寫，
如同先人的智慧也是為你而流傳千古。

也獻給赫克托爾（Hector）。

來自各界專家的好評

這本書集新舊思想之大成，堪稱絕妙佳作。三位作者讓斯多噶哲學中擲地有聲、積極向上的哲理精華與時俱進，以便切合現代讀者的需要。他們將諸如「接納與承諾療法」（acceptance and commitment therapy；簡稱「ACT」）等來自當代的心理學思考理路，灌注在斯多噶哲學當中；但在此同時，也讓先賢的哲思持續保有一脈相成的古老根源。這是一冊便利運用的絕佳練習簿，可以幫助你活出本色、解開頑念、接納自己、鬆綁愛恨情仇，並能過著有意識的生活，以自身的核心價值來為自己的人生導航。

──羅斯・哈里斯（Russ Harris），醫師、心理師，著有《ACT一學就上手》（*ACT Made Simple*）與《快樂是一種陷阱》（*The Happiness Trap*）

本書結合了古老的智慧與現代心理學，足以使你在身體力行之後，變得更為明智、更有韌性，是一部切實可用的手冊。將諸如「ACT」與「辯證行為療法」（dialectical behavior therapy；簡稱「DBT」）等第三波的「認知行為療法」（cognitive behavioral therapy；簡稱「CBT」）的研究取向，整合進蘇格拉底與斯多噶哲學當中，本書作者們的論述堪稱可圈可點。

──提姆・勒邦（Tim LeBon），現代斯多噶學派與奧理略基金會（Modern Stoicism and the Aurelius Foundation）的研究主任，著有《天天斯多噶》（*365 Ways to Be More Stoic*）一書

早在心理治療存在前的數千年，斯多噶哲學的實用智慧便已改變了人們的生活，並塑造出全球的文明！本書由聞名國際的專家撰述而成，他們專精於蘇格拉底的思想與言之有據的心理治療，使得本書同時具備了斯多噶智慧的威力與心理科學所提供的最佳知識。書中所揭示的方法，將有助於大大提升感受力，並讓你更為睿智地安身立命。

——丹尼斯・特齊（Dennis Tirch），博士，慈悲焦點療法中心（The Center for Compassion Focused Therapy）主任

本書字字珠璣，可讀性高，而且易於應用實作；其中的練習項目與觀點，可以幫助每位讀者更為明智地去應對，來自日常生活中不可避免的挫折，所滋生出的非現實期待與無助的反應。

——羅伯特・萊希（Robert L. Leahy），作家，撰述或編輯過29本書，包括《懊悔中的自由》（*If Only...Finding Freedom from Regret*）、《憂慮的療方》（*The Worry Cure*）與《為什麼他總是過得比我好？》（*The Jealousy Cure*）等書

對於如何安度生活中一連串難以逃避的挑戰，本書是一本卓越指南。備受敬重的三位作者成功地將斯多噶學派與蘇格拉底兩者的智慧熔於一爐，從而針對危機時期的心理穩定度與協調性表現，提出了一個極佳的解說模式。假使你想在當今全球或個人的危機中，接納不斷變化的情勢並強化你的心理韌性，那麼你便不可不讀這本書，並且要身體力行。

——梅麥特・桑古爾（Mehmet Sungur），精神病學教授

本書彰顯了諾爾・考爾德（Nöel Coward）的名言：「工作比娛樂更有趣」。書中那些效力強大的練習項目，會引導你穿梭斯多噶先賢熠熠生輝的智慧雋語之間。在每一頁中，這些哲人彷彿作為學識淵博的嚮導，陪伴你一同前進。本書激發了對斯多噶哲學更為深刻的領會，可以為你的人生帶來深遠的轉變。

——**凱倫・達菲**（Karen Duffy），《紐約時報》暢銷書排行榜作家，著有《機靈一點》（*Wise Up*）、《挺直腰桿》（*Backbone*）與《模範病人》（*Model Patient*）等書；本身也是疼痛病友權益倡導人、合格的臨終關懷宗教師；以及「斯多噶照護協會」（這間機構旨在以斯多噶哲學推廣關懷與幸福）董事會成員

序文──**斯多噶復興浪潮**

將近20年前，斯多噶學派（Stoicism）在學院哲學中，幾乎不過是個晦澀的小眾主題而已。儘管書架上擺著諸如馬可·奧理略（Marcus Aurelius）與塞內卡（Seneca）等著名斯多噶先哲的著作的學者多不勝數，但是，毫無一人將斯多噶哲學視為研究「自我成長」的現代學門中的一個流派。

不過，如此的情況很快便大大改觀，因為，社群媒體的興起，讓世界各地飽讀斯多噶思想的人們，得以形成線上的群體。2008年，威廉·歐文（William B. Irvine）出版了《幸福生活指南：斯多噶式喜樂的古老藝術》（*A Guide to the Good Life: the Ancient Art of Stoic Joy*）一書，成為第一本談論斯多噶哲學的當代暢銷書。幾年過後，萊恩·霍利得（Ryan Holiday）所推出的《挫折逆轉勝：戰勝考驗的不朽技藝》（*The Obstacle Is the Way: The Timeless Art of Turning Trials into Triumph*）一書，也獲得了海內外的巨大成功。這進一步認可了斯多噶哲學作為一個現代心理自助的知識類型的實力。如今，我們已經很難即時掌握每年所問世的有關斯多噶哲學的書籍與文章了。

然而，斯多噶學派的這一股復興浪潮，卻是建立在遠遠更早之前的1950年代，由亞伯·艾里斯（Albert Ellis）所奠下的基礎之上，他正是倡導「認知行為療法」（cognitive behavioral therapy，簡稱CBT）的先驅之一。艾里斯由於在接受精神分析療法的訓練時，逐漸對這種治療方式澈底感到幻滅，於是決定另起爐灶、重新出發。後來發展出他當時所簡稱的

「理性療法」,不過,該療法日後是以「理性情緒行為療法」(rational-emotive behavior therapy,簡稱REBT)之名為人所知。

艾里斯對於心理治療領域的文獻,原本便涉獵廣泛,但他也對於相關的學術主題極為關注,特別是哲學方面的論題,最令他興致盎然。他正是在那時候,回想起年輕時初次所研讀的馬可・奧理略與塞內卡的著作。當他開始尋找有別於精神分析傳統的其他學術取向時,這兩位斯多噶先哲頓時比起以往來說,對他更顯得意義重大。艾里斯當時歡喜地領略到,斯多噶先賢們預見了他的關鍵概念:「理性情緒心理療法的理論所包含的許多原則,並非空前未見。事實上,其中若干觀點最初在兩千多年前就已經有人提出,尤其是來自希臘與羅馬的斯多噶學派哲學家,對此有頗多闡發」;他特別指出,愛比克泰德(Epictetus)與馬可・奧理略對他的理論想法影響深遠(Ellis 1962, 35)。(艾里斯似乎對於另一位著作同樣也留存至今、同樣享負盛名的斯多噶哲人塞內卡的思想,比較不感興趣。)

就艾里斯所發展出的全新取向的心理療法而言,斯多噶哲學確實已經成為個中主要的哲學靈感來源之一。當亞倫・貝克(Aaron T. Beck)發表深具開創性的《認知療法與情緒障礙》(*Cognitive Therapy and the Emotional Disorders*)一書時,他同樣指出:「認知療法的哲學根基可以回溯至兩千多年前,毫無疑問就是斯多噶哲學家所身處的年代。他們認為,造成人們情緒煩亂的關鍵成因,並非是事件本身使然,而是來自於人們對於事件的設想(或誤解)所致。」(Beck 1976, 3)頗為特別的是,在針對情緒與心理病理學的理論中,艾里斯與貝克在解釋認知在其中所扮演的角色時,兩人在行文中所同樣援引的愛比克泰德的名言,如今幾乎已經成為治療師之間的老生常談:「並非是所發生的事件擾亂了人們的內心,而是人們對於事件的看法,才導致了內心的糾結」。我們幾乎可以在後來所出版的其他難以計數的CBT的書籍中,讀到這句引言。不過,這也是後來的

其他大部分著作所唯一徵引的斯多噶哲學的文字。如此對於斯多噶經典置若罔聞的情形，著實令人驚訝，尤其如果考慮到以下諸種現象，更是令人費解：

一、認知行為療法創始人艾里斯在自己的著述中，已經多次提及斯多噶哲學；他也從愛比克泰德與馬可・奧理略的文章中，徵引了種種不同的段落；而且，艾里斯也使用了許多應該可以歸諸於斯多噶哲學的概念與做法。

二、有關認知在情緒問題中所發揮的作用，由於斯多噶哲學與CBT兩者在實際上的前提假設均如出一轍，於是，對於最佳解決辦法為何，也可能推導出相同的結論。因此，我們應該可以期待，斯多噶的冥想練習可能值得進一步探究，以便讓治療策略與技巧獲得新靈感。

三、由於斯多噶思想不僅僅是一種療法，而且也是全方位的生活哲學，所以，斯多噶的思維本身極有潛力成為一個架構，藉以讓CBT發展成人們可以一生受益的技能，不僅讓自我從中獲得成長與提升，而且也能培養出更一般化的心理韌性。

四、對常見的心理自助或治療的專書不感興趣的人們當中，有許多人卻會深受斯多噶哲學的吸引，斯多噶的教誨於是成為他們唯一可能接受的心理學有益建議的管道（而這些建議，同樣也可以在CBT中覓得）。比如，斯多噶哲學相當受到監獄受刑人與軍方人員的歡迎；這些人有時會（錯誤地）以為，閱讀心理自助或心理療法的書籍，代表自己的個性軟弱無能，於是避之唯恐不及。

五、隨著「第三波」的CBT理論的發展——亦即，以「正念」（mindfulness）與接納為基礎的治療取向——強調的重點已經轉移至諸如培養認知正念與滌清個人價值等策略上，而這與古老的

斯多噶哲學的主要觀點，恰恰具有驚人的相似度。

本書是由兩位經驗豐富的CBT臨床治療師，與一位非專業出身、但已經在日常生活力行斯多噶的問題解決之道的作家，所聯手撰述而成。我衷心希望本書可以讓讀者發現，斯多噶哲學與認知心理療法彼此之間，在各個層面上相輔相成的展現。尤其三位作者納入了來自CBT晚近「第三波」的理論概念，更有助於進一步去對照斯多噶哲學與現代心理療法兩者的理路範疇。而且對於建立情緒韌性，本書將焦點引導至斯多噶哲學與蘇格拉底提問法的重要性，這極有利於去橋接臨床實務與自我成長的一般論述兩者間原本的隔閡。將斯多噶哲學與CBT融為一體，更切合廣大讀者群的需要，從而在實作上讓人更加得心應手。

——唐納德・羅伯遜（Donald J. Robertson）
著有《像羅馬皇帝一樣思考：如何用斯多噶哲學應對困頓、危難、不確定的人生》（*How to Think Like a Roman Emperor: The Stoic Philosophy of Marcus Aurelius*）等書

導論──斯多噶人的誕生

你所控制不了的那些外在事物，會使你苦惱不安嗎？

先給出一點時間去學習有益的新知識，以便讓自己胡思亂想的心緒畫上句點。

──馬可・奧理略《沉思錄》（*Meditations*）卷2第7節

在馬可・奧理略皇帝統治期間，一場稱為「安東尼大瘟疫」（Antonine plague）的摧毀性流行病，於西元165年席捲了羅馬帝國。從若干記述中推測，帝國全境當時的死亡人數，總計將近五百萬人。一如現今的疫病會導致社會瓦解，這場摧殘羅馬的遠古的瘟疫騷亂，也造成了經濟動盪、政局失衡與社會動亂。奧理略當時由於服膺斯多噶哲學的教導，於是能夠平心靜氣、臨危不亂，將思緒集中在他可以控制的事務上，而非處理那些只會導致自亂陣腳的力有未逮的難題。

他堅持不懈，依恃於他所培養的理智、勇氣與──最重要的──內在的韌性，繼續領導一個龐大的國家，與幾近三十支的古羅馬軍團。在這段艱困的時期中，他親歷了幾名子女與他的妻子芙思蒂娜（Faustina）相繼撒手人寰的噩耗。儘管痛失至親，他仍然堅守身為皇帝的職責，肩負起發號施令的重任，在岌岌可危之際，讓國家穩若泰山。人民的大量死亡，並非他所能控制之事，然而，為了羅馬的長治久安的為政要務，卻是他力所能及的分內工作。

綜觀今日，我們不僅剛從生命與工作的喪失中恢復過來，備受政治兩

極化的撕裂之苦，還不斷努力在混亂的世局中，持續應對每日生活的挑戰。我們作為社區、家庭、團隊、各種人際關係中，有所作用的一分子，每天都被期待能夠在危機時期提供穩固牢靠的保證。然而，有關我們內心的穩定度，卻又是如何的光景呢？我們的內在是否足夠安穩，足以讓我們有勇氣直面逆境？在一片混亂中，面對每日的難題，我們是否還有可能從中成長茁壯，並更上層樓？答案明顯肯定無疑。

這本練習簿的撰寫目的，正是為了成為你的嚮導，陪伴你跨越這種種的挑戰。本書準備了若干工具，足以讓你打造出斯多噶人必備的思考裝置，從而能夠擁有心理的靈活度，以理智的態度，去從容吸納那些意料之外的打擊，甚至讓你最終從中長出一樹繁花——此即所謂的「韌性」。

對於因為疫情失去工作，因而不斷掙扎於絕望邊緣的母親；對於剛剛離婚，以致面對充滿不確定未來的父親；對於需要明鏡之心，才能從挫折中看到契機的學生；對於需要勇氣，才能懷抱平靜心靈去面對命運的絕症病人……本書不僅是專為你而寫，而且也是為了渴盼擁有斯多噶韌性的所有人而寫。

CONTENTS

序文——斯多噶復興浪潮　　007
導論——斯多噶人的誕生　　011

1　斯多噶哲學與心理韌性　　015
2　控制一切的執念,與無意掌控的斯多噶原則　　033
3　釐清美德與價值　　053
4　體驗斯多噶人的生活（從生活中創造改變的契機）　　083
5　從強求到接納　　101
6　容忍不安與降低痛苦　　121
7　從批評到同情：不加批判的態度　　149
8　斯多噶式的人際技巧　　165
9　學習像蘇格拉底一樣思考：克服雙重無知　　191
10　自我探問法：運用蘇格拉底的思考術來擺脫困境　　205

參考文獻　　244

1 斯多噶哲學 與心理韌性

選擇不受傷害,你便不會受傷害。
不去感覺受到影響,你便不會受影響。

——馬可・奧理略《沉思錄》卷4第7節

斯多噶思想是古老的哲學流派，旨在讓人即便身處危厄，也能絕處逢生。只要採納以下觀點，確實就能轉危為安：「導致我們煩擾不安的根源，並非我們所遭遇的事件本身使然，而是我們自身對於事件的看法與評斷所致」（愛比克泰德《手冊》〔*Enchiridion*〕第5條）──這句引言，也是斯多噶哲學的思想基石。這個主張的意旨是，假使我們可以讓自己去挑戰最初從心中冒起的憤怒、悲傷或失望等感受，我們便能培養出在面對不利事件時一個更理性的因應態度，從而維持心境的平和，踏實地繼續勇往直前。

　　斯多噶人的生活目標並非在迴避情緒反應，或躲開不安處境，而是透過將思考焦點集中在力所能及的事項上，從中覓得安身力量與穩健之道。斯多噶人的生命特徵是一生都在為鍛鍊出智慧、勇氣、正義與節制等美德而戮力以赴。儘管今日人們可能會使用「stoic」（克制情感的）這個字來指稱某個人不表露情感，然而，真正的「Stoicism」（斯多噶哲學）卻要求人們培養情緒表達的智慧與韌性。斯多噶人知悉自己當下的感受，但選擇明智應對，而非衝動反應。想要達到如此的境界，需要不斷的實作練習，因為作為一門哲學的斯多噶思想，不僅要求勤於學習，也需要親身實踐，方能活出個中的微言大義。

　　在這本練習簿中，除了講述斯多噶哲學的要義之外，同時也介紹了如何運用這門哲學，來讓人生更靈動、更有意義的訣竅。我們都知道，天天都有各種滋生壓力的來源，比方說交通狀況、對你抱怨的人，還有挫敗。然而，馬可‧奧理略提醒我們：「世界變動不居，生活意見紛呈。」（《沉思錄》卷4第3節）換句話說，雖然這個世界與我們的個人環境可能變化無常（無論或好或壞），但是，我們可以選擇自己如何去感知這些外在事物的方式。即便處在焦灼混亂的時代，每個人仍然擁有維持內在平和與靜謐心境的力量。

成為一名斯多噶人,並不意味著要對不公不義睜一隻眼、閉一隻眼,這門哲學的要旨也以講求行動為重。而這個立場也與提倡「全然的接納」等現代的心理學準則,同樣並行不悖。斯多噶哲學的觀點,讓我們可以化解不必要的受苦與磨難,如此一來,我們便能將自身的心力,全然投注在最緊要的事務上。

你此刻的斯多噶特質有多少？

　　對於你擁有多少的斯多噶特質,可能會比你原本以為的情況還要多上一點。畢竟,你也許已經從生活中獲得了若干經驗,使你對於某些壓力逐漸建立了抗壓性。在你進一步探究本書與斯多噶準則之前,可先填寫「斯多噶特質自我清單」,來看看你已經擁有多少的斯多噶屬性。就本書的某些練習題來說,你也許會想要反覆多做幾次加以熟悉。在本書的網站（http://www.newharbinger.com/52663）上,你可以找到許多練習題的複本與額外材料的PDF檔案以資運用。

斯多噶特質自我檢視清單

　　讀完以下各條陳述後,請一一為自己評分。評分等級從0至5；0代表「完全不符合」,5代表「完全符合」。
　　一、儘管事情超出我的控制,但我並不會因此倍感壓力。
　　二、當我覺得自己受到不當對待時,我還是不會先怪罪對方。
　　三、我並不覺得自己需要對每一件事情都提出意見。
　　四、並非只是因為我對某件事有什麼看法,就代表那個看法千真萬確。

五、我並不害怕以大局為重來做決定，即便決定一經底定後便無法更改。
六、我時時體察自己的情緒。
七、我在做出反應之前，會花時間從更宏觀的角度，來看待眼前的事情。

得分值

25 – 35：百分百的斯多噶人！
20 – 24：只差臨門一腳！
0 – 19：尚有努力的空間

「哪裡可以找到像蘇格拉底這樣的老師？」：斯多噶哲學的起源

　　季蒂昂的芝諾（Zeno of Citium）曾經是腓尼基（Phoenicia）地區的一名富裕商人，但在經歷了一個讓他「一切捲土重來」的事件之後，他創立了斯多噶學派。一場海上風暴，將他一整船稀有而熱銷的染料貨品，全都葬送海底。在遭遇船難之後，芝諾在雅典不僅一籌莫展，而且一文不名，不得不重起爐灶。當他在街上信步晃蕩，遇見了一名書店老闆，便隨手讀起了一本蘇格拉底的哲學書──而蘇格拉底日後將被視為「斯多噶哲學之祖」。

　　蘇格拉底的倫理學觀點，與對生活事件的詮釋，給予芝諾莫大的啟示。因此，如同傳說中所描述的情節，他詢問了書店老闆一個問題：「哪裡可以找到像蘇格拉底這樣的老師？」老闆於是舉起手臂，指向一名剛

好站在窗戶外面的先生——底比斯的克拉特斯（Crates of Thebes），這位盛名遠播的哲學家。芝諾之後跟隨了克拉特斯研讀人生哲理數十載，最後便開創了自己的學派「斯多噶哲學」。他舉辦講學與討論會的地點，是在位於雅典的「Stoa Poikile」（彩繪柱廊）下所舉行，他的門生因此以「Stoic」（斯多噶人）之名為人所知。從蘇格拉底到芝諾，在傳承上大致有一條一脈相承的系譜線。安提西尼（Antisthenes）師從蘇格拉底，而第歐根尼（Diogenes the Cynic，犬儒學派創始人）則追隨安提西尼。教導芝諾的克拉特斯，拜學在第歐根尼門下。所以，我們可以列出如下的傳承系譜：蘇格拉底→安提西尼→第歐根尼→底比斯的克拉特斯→季蒂昂的芝諾→斯多噶學派。

斯多噶哲人借助於蘇格拉底與其他早前哲學家的理論學說，撰寫出大量的論著，不過，僅有一部分斷簡殘篇留存至今。隨著時間的推移，斯多噶哲學從希臘傳播至羅馬，並在羅馬當地政治人物間風行起來。羅馬共和國的執政官西塞羅（Cicero）便曾在雅典學習斯多噶哲學，從中獲得許多重要的哲思啟發，而他本身的著述也對法律與政治理論影響甚鉅。

儘管斯多噶學派的許多早期文章著作皆已散佚，但如今仍舊留存有來自羅馬帝國時期三位斯多噶哲學家的豐富文獻：他們分別是塞內卡、愛比克泰德與馬可‧奧理略。塞內卡論及斯多噶哲學的書信與隨筆，都是在他作為羅馬皇帝尼祿（Nero）的教師與顧問時所撰述而成。原本是奴隸出身的愛比克泰德，後來卻成為羅馬歷史上最舉足輕重的哲學教師之一，他的《語錄》（*Discourses*）和《手冊》兩書，迄今依舊是他的思想成就的明證。至於羅馬皇帝馬可‧奧理略，則將畢生心力奉獻在斯多噶哲學上，他始終在鑽研愛比克泰德的著作深義。奧理略的私人筆記《沉思錄》，今日依然擁有廣大的讀者群，被視為斯多噶哲學最具權威性的作品。

斯多噶哲學雖然曾經歷將近五個世紀的蓬勃發展，但後來的聲望卻逐漸退去。直到現代時期，才又迎來一波復興的浪潮，成為啟迪認知療法發展的哲學基礎。而以實證為基礎的認知療法，如今也已經是相當普遍的心理療法之一。愛比克泰德曾經指出：「導致我們煩擾不安的根源，並非我們所遭遇的事件本身使然，而是我們自身對於事件的看法與評斷所致」（《手冊》第5條）——這則引言已經成為斯多噶哲學與認知行為療法的思想泉源。

斯多噶哲學並非提倡隱忍作風

　　以倔強的上唇來掩蓋痛苦的情緒，經常是來自社會文化所形塑的結果。壓抑情緒太常被視為個性剛強的表現，不過，實際上卻是最極端的逃避行為。今日十分流行的用語——「有毒的正能量」（toxic positivity），正是指稱那種不計代價去躲開任何負面情緒的隱忍行徑。那些要求我們表現出「滿滿的正能量」的敘述套語，皆會阻遏與鎮壓我們心中的負面情緒，從而使得如此的負能量在我們內裡糜爛化膿，引發終生的苦惱。

　　真正的斯多噶哲學，並非在追求完全不表露情感的生活，使人淪於與一切情緒失聯、毫無感覺的境地。事實上，斯多噶先哲們全然不贊同這種做法。此中的重點，反而是我們應該培養出一種理智應對的能力，讓自己不會僅僅依賴當下的判斷，或一開始可能的錯誤印象，便直接做出反應。如此一來，我們將不僅有能力感受自己的情緒，也不會受到情緒的控制。這即是斯多噶人鍛鍊心智的目標。也就是說，想要建立一個讓人時時滿意的生活，其中的訣竅正是培養出如此感知情緒的能力——此即「心理韌性」的基礎。

斯多噶哲學與認知行為療法的關係

　　認知行為療法（簡稱「CBT」）的創始人亞伯・艾里斯，深受斯多噶先賢教誨的影響。他也同樣認為，正是我們自己造就了我們在某一情境中的感受方式，而且那些情緒會引導我們做出行動的決定。只要對此了然之心，便可讓我們擁有自由度與清明感去選擇我們所重視的事物，以及值得我們投入情感的對象。CBT將斯多噶的教導轉化成現代人在每日生活中可以方便運用的友善工具。

　　如同社會的演化會與時俱進，CBT同樣隨著時間嬗遞而推陳出新。CBT一開始著重在行為改變與可觀察的行為過程。但是，由「認知」這個概念所帶來的革命則主張，沒有公開示人的那些不可觀察的想法與內心獨白，也具有不可忽略的重要性。諸如亞伯・艾里斯與亞倫・貝克等學者便在認知策略中，整合了那些可相容於斯多噶思考術的做法。之後，隨著第三波的CBT發展，則強調「正念」與「接納」等概念，聚焦在透過接受情緒、選擇價值與採取行動等原則，來讓我們的人生順遂無礙。

　　哲學在此直接被視為我們思考萬事萬物的基礎架構。哲學實際上恰恰如同一面透鏡一般，每個人都可以經由這面透鏡觀看世界，哲學即是人生路向的指南針。本書的寫作目標，正是為了提供一個功能強大的透鏡，讓你可以觀測你的人生，幫助你在生活中應用古老的哲理智慧。

　　斯多噶學派既是一門哲學，也是一種生活方式。深受斯多噶哲學啟發的認知行為療法，則提供了鍛鍊心理韌性的工具與練習。不過，這些認知與行為法門唯有在持續運用下，才能發揮效用。假使沒有不斷身體力行，便容易落入舊有的不良情緒模式中，再度將不如意的事件詮釋成災難，然後身陷其中掙扎不已。然而，斯多噶哲學卻遠遠不只是可資應

用的心理自助技巧而已,這門哲學還會要求你採納一套倫理價值,我們必須時時遵行不輟,才可竟其功。這門古老的哲學作為一個思考架構的潛能,可以讓你獲得如同CBT所提供的那些應對問題的相同技巧,並且經久耐用。

亞倫・貝克所發展的治療方法是奠基在研究者的一項共識上,亦即我們的想法對情緒會產生重大的影響。他對此進一步做出解釋:「然而,認知療法的哲學根基可以回溯至兩千多年前,無疑可以追溯至斯多噶哲人身處的時代。他們認為造成人們情緒煩亂的關鍵成因,並非事件本身使然,而是來自於人們對於事件的設想(或誤解)所致。」(Beck 1976, 3)

斯多噶哲學提出的建議是,我們只要倚重美德與個人價值(一生中對你最關鍵的事物),便能在面對逆境時防範自己陷入絕望深淵。畢竟當我們不再對生命抱有期待,就會失去對一生中真正緊要事物的盼望,不是嗎?本書在第3章中,將協助你釐清你的個人價值,並概述斯多噶學派所標舉的每個德行(智慧、正義、勇氣、節制)的意義。而在此,讓我們先閱讀底下作為解說案例的陶德的故事。

陶德所任職的房屋裝修器材製造公司,正進入經營上的黑暗期。經費刪減,導致了大規模的裁員,而不幸的是,陶德也被告知,他的職位同樣屬於裁撤之列。他一直是個盡忠職守的員工,已經在這家公司工作將近十年,也因此擁有完善的退休金計畫,並期待自己的子女可以獲得來自公司眷屬獎學金補助方案的幫助。然而,在得知消息的那一刻,置身在這個了無生氣、冷冰冰的辦公室中,他感到自己備受重創。尤其一想到自己的退休金與子女的獎學金補助機會,全都化為烏有,更讓他一時怒氣沖天。而且,他十年

來勤勤懇懇為公司做牛做馬的用心，也瞬間變得毫無意義。當他的經理誠摯地對他說出幾句安慰話語時，他抬頭望向天花板，嘆了一口氣。在這一刻，陶德的思緒徘徊在是否要口出惡言尖刻咒罵，或是沉默而堅定地拂袖離去。為了壓制住這兩個反應方式，他感覺自己整個人彷彿沉在水下屏住呼吸一般。

陶德是否有第三個選項？他可以有不會感到窒息，或不會覺得自己不真誠的回應方式嗎？

陶德努力將滿腔怒火往下壓，不料卻更讓他憤恨難耐。就在怒氣要整個爆發出來之際，他體驗到可能為他的未來帶來完全不同意義的一刻。「我必須承認，對於這個消息我十分震驚，而且失望透頂。」他的坦白讓自己稍稍放鬆下來，他繼續對經理說道：「不過我很清楚，這並不是你做出的決定。而且我很感謝，自己可以有為公司服務這麼多年的機會。」陶德知道他絕不可能完全確定自己的回答是否妥當中肯，不過，他清楚這是最好的回答。因為他看重正直與誠實，他心中知曉，這樣的回話可以讓他隨後離開時感覺心安。

如同稍早曾經指出，心理韌性是指稱一種應變的能力，可以讓人去面對無論來自內在或外在、可控或不可控的艱困難題，或是具挑戰性的生活經驗。讓我們先花上片刻檢視，陶德發現自己陷入的處境為何。

對於當下所發生的事件來說，陶德有什麼可以掌控的部分嗎？這麼說吧，無論從何種觀點來看，答案都是「沒有」。他無法左右公司對他資遣的決定，尤其這間公司正處於虧損之際，更是如此。而屬於他所能控制的個人工作表現，顯然也無法對公司的決定產生影響。因為，去年的業績損失並不能歸咎於任何單一的員工，無論這名員工的價值是高或低皆然。假使我們不這麼推想，就完全不合邏輯。

那麼，他眼下可以掌控什麼事情呢？儘管他已經無法控制過往的種種，但是，他的確可以控制如何面對這段過去的態度。亦即他可以選擇如何去看待這些年來他是公司的重要員工、年年考績優等、工作經驗豐富等等歷來累積的事實。陶德意識到，他由於有五年的時間擔任系統分析師的職務，於是所獲得的遣散費將讓他有一段可以轉圜的時間。陶德也記起了，他總是希望可以擁有某個表弟所享有的那種員工福利，不過，過去由於太害怕離開這間公司而沒有跳槽。但他現在立刻理解到，他其實還有其他的選項……不會有任何損失。

斯多噶哲學並非只強調從惡劣處境中尋找一線希望；斯多噶的思考方式反而著重在探問你力所能及的部分為何，從而讓你做出明智的決定。失去工作所造成的受創情緒，是當下的真實狀況，陶德為此備受衝擊。但與此同時，他卻看重勇往直前的行動力。吸引他來到原本工作的公司的優點，同樣也會吸引他去接觸另一個工作，而他現在的資歷甚至已經更加完整。這段過渡期確實會度日如年，不過，他將挺過危機的考驗。

就陶德所遭遇的情況來說，他當時可以控制哪些事？

....

....

....

....

....

就這個已經發生的事件來說,哪些是他無法掌控的事?

....

....

....

....

....

陶德可能踏入的陷阱有哪些?

....

....

....

....

....

他在當下所看重的,對他來說最重要的事情是什麼?

....

....

....

....

....

為了實現心中這些最重要的事項，他應該採取哪些行動？

....
....
....
....
....

陶德的故事是一個有關在人際之間展現心理韌性的例子。然而，心理韌性包含許多形式。除了從我們的反應方式可以看出心理韌性如何讓人得以重塑一個情境外，我們也能在颶風肆虐後，整個城市努力重建的決心中，或是在守喪的悲痛時期中，觀察到這種心理復原力所扮演的角色。心理堅韌度高的人會感受到事件帶來的衝擊，但是，無論如何都會將最初的情緒，重新導引至繼續努力耕耘並奮發圖強的路上來。而這個過程的一個決定性步驟是，首先要分別列出我們在問題情境中「力所能及」與「力有未逮」兩方面的事情。如此一來，我們便能心如明鏡、泰然自若，並能由此預防只會讓事態雪上加霜的自責，以及於事無補的哀傷。

何謂心理韌性？

擁有心理韌性，並非簡單地表現出「沉默而堅強」，或具有「倔強的上唇」，或對一切事情維持「天天向上的心態」而已。遺憾的是，許多人卻是從上述的角度來理解韌性的意義。

對我來說,「心理韌性」代表什麼?

....
....
....
....
....

著名心理學家馬汀・塞利格曼(Martin Seligman)將「心理韌性」界定為一種既能戰勝困難,又能以具建設性的正向態度持續運作的能力。塞利格曼在論及正向心理學(positive psychology)的著作中強調,內在的復原力,並非簡單地淨空負面情緒或經驗而已,而是要以正面情緒去面對挑戰,並且有能力隨時應變,從而繼續奮進向前。

當我們談到心理韌性,個中的關鍵點便是靈活度。建築工人會使用釘子而不是螺絲來作為銜接的媒介,因為釘子可以彎曲,能夠讓房屋隨著天氣與地層的變動而些微移動。至於螺絲,由於無法彎曲而容易折斷。出於相同的道理,柳樹也因為本身的柔韌度與深入地下的強健根系而更具耐受力,一場暴風可能會颳倒橡樹,但柳樹卻會通過考驗,繼續挺立於天地之間。

事實上,心理韌性是指稱,透過採納具有心理彈性的觀點與做法,從而能夠去適應那些困難重重或具挑戰性的生活事件。這是一種可以從艱困處境中重振旗鼓的能力,而非只是在傷痛中強顏歡笑而已。

心理韌性為何至關重大？

　　生活困境有多種形式，心理韌性亦然。無論某個人令你失望透頂，或是你錯失了某個重要機會，都會導致你在生活中感受到沮喪的情緒；但這卻是再自然不過的事了，每個人都對此極為熟悉。從親人與世長辭，到颶風踩躪了整個社區，沒有人可以豁免於不幸的襲擊。然而，在這些造成生活壓力的事件過去之後，那些缺乏應對問題的能力的人，不僅無法走出傷痛——遑論從中獲得成長——而且，多半還會發展出心理疾病。對於心理復原力有限的人來說，壓力事件會使他們的精神氣力日漸憔悴。不過，對於心理的韌度已經達到健康水平的人來說，他們會積累出在艱困時刻中，經由本能所開發出來的內在資源，從而降低他們在焦慮與沮喪上的表現程度。

　　好消息是，雖然有些人並非在一個有助於培養出良好應對技巧的環境中長大，但卻同樣可以獲得心理韌性！一份來自韌性學會（Resilience Institute）的研究指出，凡是參加了建立韌性練習的人，憂鬱的症狀會降低33％至44％不等。該研究的受試者也發現，他們的整體身心狀況有所提升，包括身體（43％）、情緒（40％）與思考力（38％）三方面的表現，都獲得了改善。對心理韌性進行了鍛鍊之後，你便可以明顯覺察出，被艱困處境蠶食鯨吞的那種自怨自艾，完全有別於儘管痛苦卻能繼續前行與成長的心境。

我想要試著做做這本練習簿的理由是什麼？

....

....

....

....

....

我是否希望學習到什麼具體的項目？

....

....

....

....

....

我的心中是否有想要處理的特定的問題？

....

....

....

....

....

我是否有想要戮力以赴的目標或期盼？

....
....
....
....
....

　　對於去認識斯多噶哲學或認知行為療法，無論你的目標只是打算刺激一下思考，或是想要擴大理解的深度，都很值得一試。假使你已經確定了自己的目標，便能在進行本書的每項練習時，心中更踏實明確，而不會三心兩意、半途而廢。不過，需要注意的是，你希望自己可以從中取得的收穫，有時也會隨著練習的過程而發生改變。

　　首先，我們要區分出可以完成的事項（目標），與始終存在心中的事項（價值與德行）兩者的不同之處。比如，當你有一個價值是想要成為好父母，那麼這就不是那種設定一個短期或長期目標便能實現之事。有關當個好父母的一個最棘手之處就是，這需要堅持不懈的努力。在電影中，只要主角使出若干意義重大的舉動，便足以擁有一個良好的人際關係；不過在現實生活中，通常都是接連不斷的互動小事才最為關鍵。

　　斯多噶哲學的要旨正是去為你最珍視的價值，發展出可以持續努力的紀律。我們現在通常稱為「價值」的那些信念，在斯多噶先哲的眼中，則可能稱為「德行」或「美德」。斯多噶的四個核心德行是：智慧、正義、勇氣、節制，而這些價值也揭示了本書的內容旨趣。

　　儘管去選擇人生中你最看重的價值，全由你自主決定；但是，假如你

傾向於認為你重視的只是沒有痛苦或煩憂即可,那麼你其實還可以進一步去思考,問問自己能夠取而代之的其他價值為何?比如,如果你大部分的時間與精力都陷入社交焦慮中,那麼你會想要將這些時間與精力運用在其他的什麼方面?你寧願去做的事情,才是你珍視的事項,而焦慮只是我們要克服的障礙。可以花上片刻來回答以下這兩個練習題,問問自己:「我希望我的人生是什麼模樣?」與「有什麼問題阻礙了我前進?」也請牢記,你對自己所進行的評估,是你單單只為了自己而做,完全與他人無涉。所以千萬不要以為,你應該依照其他人認為你應當過的「正確」人生,或來自你的父母或社會的意見,來回答那兩個問題。於是,請問問自己:你想要自己的人生可以像是什麼樣子?

我努力想要實現的價值有哪些? (我想要什麼?)	完成那些目標的障礙是什麼? (有什麼阻礙了我?)

本章重點

- 斯多噶哲學講求建立情緒韌性，而非去壓抑情緒。
- 心理韌性，是一種可以培養的能力。
- 擁有心理韌性，意味著可以施展心理靈活度，去因應困境的挑戰。
- 「導致我們煩擾不安的根源，並非我們所遭遇的事件本身使然，而是我們自身對於事件的看法與評斷所致。」
- 這本練習簿著重在運用古老與現代的智慧，協助你擁有快意人生。

2 控制一切的執念,
與無意掌控的
斯多噶原則

有些事情在我們的掌控之內,有些事情則否。我們可以控制之事包括:發表意見、選擇所追求的目標、我們的喜惡;簡言之,即是我們個人的行動。而我們無法控制之事則是身體、財產、聲譽、權威,與並非由我們個人行動所導致的事件。

──愛比克泰德《手冊》第1條

「控制」的矛盾點是，我們會拚命想要掌控那些不可控之事，而且對此執著不移。然而，這卻形成了一個困住我們的陷阱，導致我們浪費了大量的時間，試圖左右那些我們根本力有未逮之事的結果；久而久之，我們便會因此喪失了對自身的思維、情緒與行動的支配力。控制所內含的二元矛盾是愛比克泰德提出的哲學概念，在今日的治療實務中，也經常會涉及這個棘手的頑念。這個概念將生活中的事物分割成兩個類別：一種是我們所能掌控之事，一種則否。愛比克泰德實際上在《手冊》一書的開篇便提到了這個人生真相：「有些事情可以由我們所主宰，有些事情則否」。

交通狀況令人沮喪嗎？顯然天天如此。我們可以施展心靈神力，將車流之海分隔開來，為自己開道嗎？遺憾的是，這是痴心妄想。當我們錯過航班，可以衝上跑道追趕飛機，奮力抓住機翼嗎？最好不要，這既是違法行為，也是不要命的行徑。我們可能跳進一部時光機中，以便防止自己在高二那年面對迷戀的對象，講出那句非常難堪而尷尬的話嗎？至少目前還做不到。最後，讓我們再想想對於未來的焦慮，可以改變未來嗎？即便我們可以致力在一些具建設性的事情上，從而影響未來的動向，但是生活總是出其不意，這是不言自明的道理。以上這些問題如果聽起來荒謬滑稽，那麼假使我們對於無法直接掌控的事情，確確實實無能為力的話，卻又對此感到焦慮，不也是有點可笑嗎？

毫不令人驚訝的是，絕大部分的苦惱都來自於我們對於無能控制的事情的憂慮。作家暨心理治療師提姆・勒邦（Tim LeBon）在《天天斯多噶》（*365 Ways to Be More Stoic*）一書中，綜合了十年期間對於病患的觀察，也指出了這個共同的肇因：「作為一名心理治療師，我每每在研讀斯多噶哲學之時，便愈加理解到這個古老的哲學，難以置信地與我當前所治療的病患緊密相關。回顧我所接觸的種種案例，我可以看出，其

中許多難題都起因於相同的根源——試圖控制不可控之事。

「假使你以為你可以控制其他人，就會引發你的憤怒與沮喪。假使你以為你能掌控過去，就會產生羞愧與內疚。假使你反覆思量你所無法控制的未來，就會滋生憂慮與焦慮。假使你在開始投入某件事之前，便試圖讓一切盡善盡美，但由於你無法使一切完美無缺，就會導致拖延與耽誤。」（LeBon 2022, 13）

從本章一開始所引用的愛比克泰德的名言中，可以得知我們真正能夠掌控之事為何：意見、喜惡、行動等，簡言之，即是我們的想法與行動。確實如此。假使對此不以為然，不僅違反邏輯，也會虛耗腦力與滋生不必要的情緒，很可能造成時間與資源的浪費。針對問題情境進行拆解分析，有助於看清其中哪一部分是屬於我們所能掌控之事。比方說，你可能無法控制對某個事件的當下反應，但是你卻可以控制如何選擇回應該事件的方式。

斯多噶哲學在解釋有關控制的二元矛盾時，經常提及「弓箭手」的比喻。射箭的重點一看便知：準備姿勢、瞄準目標與釋放弓箭。在弓箭手射出弓箭後，便無法控制外在力量（比如風勢）如何影響弓箭的飛行路向與最後落在何方。事實上當箭一離弓，就完全不在弓箭手的控制範圍內了。一如愛比克泰德寫道：「不要拚命指望事情依照自己的心願推進，要接納事件自然運行的歷程。假使你可以實現這個原則，便能心滿意足。」（《手冊》第8條）你可以在網站http://www.newharbinger.com/52663下載下頁練習的副本檔案。

挑選你此刻心中所擔憂的一個問題。將這個問題情境拆解成數個組成部分。然後，依照你能否直接予以控制的判準，對這些組成部分分類。在接下來的一週，對你感受到的種種憂慮，都一一重複這個拆解與

分類的程序。

我可以控制什麼事項？		
問題情境的組成成分	可控（✓）	不可控（✓）

我留意到其中出現了什麼樣的模式？

....
....
....
....
....

我知道自己的哪些特點？

....
....
....
....
....

對於不是我能控制的事情，我往往最在意哪些類別的事情？

....
....
....
....
....

依照我對自己的理解，我現在想要做什麼？

....
....
....
....
....

我們為何想要掌控？

　　有關我們為何認為自己必須操控一切，其中的許多原因可能都依情境而定。然而在種種的原因當中，大多數都可以歸類為對於不確定狀態的恐懼。我們想要安全無虞，這是一種天生固有的願望。「不安全」與「不確定」兩個概念彼此相關，卻並不相同。不安全的事情可能造成傷害或危險，而不確定的事情則屬於情況未明，或無法判斷是否會發生。具體而言，「不安全」是指稱引發傷害的潛在可能性，而「不確定」則是缺乏訊息或難以預測。比如駕駛一輛煞車裝置有問題的汽車，我們知道這「並不安全」，因為會有發生車禍事故的風險；而不知道一場運動賽事的結果，則只是處於「不確定」的未知狀態而已，因為比賽成績尚未揭曉。

　　恐懼是求生的訊號，而不合理的恐懼，則是對於最不可能發生或出現的事物的疑懼。事實上如果我們想要擔心，任何事情都可以讓人窮擔心，只是這永遠無法給我們帶來任何讓人安心的確定性。無論發生什麼事，假使你已經盡力而為，那麼就去接納生活的不確定性。我們無一例外都可能

遭遇折磨人而糟糕的惡事，而那些我們無法控制的真正可怕的事件，也確實有可能降臨在每個人身上。不過在大多數時候，我們並非無法從中復原；甚至可以這麼說，我們總是可以在禍事之後恢復元氣。「要不了你的命的災難，就會讓你更強大」——這是我們耳熟能詳的老生常談。然而，斯多噶先哲卻可能這樣說：「你無法控制所遭遇的事情，但是你可以控制反應的方式。」你可以主動選擇克服難關與療傷止痛的方法。一次的挫折並不必然會成為再也搬不開的路障，萬事萬物都帶有重啟契機的微光。

控制的需求，經常使得人們無法忍受不確定性的狀態。許多人寧願有「壞消息」，也不要「一無所知」。許多人會絞盡腦汁推敲可能發生之事的每一種假設性劇本，希望屆時不會措手不及，由此來逃開不確定性的折磨。然而，無法忍受生活中的某些不確定性，會讓你付出什麼代價呢？

我會擔憂可能發生的事情嗎？而且耿耿於懷？頻率有多高？

....
....
....
....
....
....
....
....

我對可能發生的事情的憂慮，會使我無心專注在生活中實際發生的事情嗎？請具體說明。

....
....
....
....

這樣的狀況如何影響我的工作、休閒、人際關係等面向？

....
....
....
....

我會因為太過擔憂可能發生的事情，因而避免交友、消遣、外出與其他需要努力的事項嗎？

....
....
....
....

我因為這樣的狀況而錯失了什麼？

....
....
....
....

為了迴避不確定性，最一勞永逸的方法是過著那種百無聊賴的小日子。在不確定性含量最低的小日子，以及充滿意義與冒險（隨之而來的好壞結果均包括在內）的生活之間，假使可以選擇的話，我會挑選哪一個？原因是什麼？

....
....
....
....

我與「不確定性」這種狀態的關係，如何影響我的選擇？

....
....
....
....

別窮擔心！別在意無關緊要之事

我們都寧願遠離焦慮。大多數人可能都希望自己不要太過關切那些使我們煩惱不安的問題，從而可以投入更多的時間，集中在對我們有用的事情上。此外，所有人可能也都渴望天天思緒清明，洋溢滿足與平和的情緒。

首先，所謂「無關緊要之事」意指為何？那是指稱一些無論好壞都對人無足輕重的事物，絲毫不會影響我們的內在狀態。而且，更重要的是，我們也完全不應讓這樣的事物左右我們的人生大局。斯多噶先哲將無關緊要之事分成「正面」與「負面」兩類，前者令人們趨之若鶩，後者則令人望而止步。正面的無關緊要之事，意指那些我們可能渴望的外在指標或條件，例如財富、娛樂、強健體魄與社會地位等等──不過，我們完全不應讓這些無關緊要的指標，來決定我們的幸福或自我價值。

斯多噶哲學家認為，我們的生活不僅不應以這些散發誘人光彩的外在事物當作目標，還應採取對此無動於衷的立場。為什麼呢？個中的原因同樣是這些身外事物並不必然都屬於我們可以掌控之物，如同愛比克泰德殷殷支持的原則，他說道：「我們的身體、財產、聲譽、權威，與基本上並非由個人行動所導致的任何事件，都在我們的掌控之外。」（《手冊》第1條）我們就像斯多噶的弓箭手一般，可以拉弓瞄準致富為目標，但是假使射出的箭偏離了方向，我們的一生便因此注定一貧如洗嗎？假使我們不是駕駛一輛保時捷，前赴比佛利山（Beverly Hills）的某個時髦派對，我們的人生就從此失去意義了嗎？此處的思考點是，比起能夠帶來心滿意足的持久平和心境來說，難道家財萬貫才更重要？這裡的「心滿意足」並非意指安於現狀而已，而是懂得知足之道，可以安頓在不如意甚至不利的處境中。

於是所謂的心滿意足，反而是可以體察並接納我們的實際生活狀況。我們此刻的人生境況並不必然是一生的完結篇；另一方面，對自己所身處的環境條件滿心怨懟，卻也並非有朝一日擺脫低迷的建設性做法。

　　如果談到打造社會地位，我們對他人的感知倒是擁有很大的控制力。我們能夠影響他人對自己的看法，因此我們應該努力去做一個真實而最佳的自己。不過，並非所有人都會對你的形象塑造照單全收。生活的真相是——並非每個人都喜歡你。我們可以把認清這個事實當作是持續不斷追求幸福的過程中的目標之一。

　　負面的無關緊要之事，則是另外一種外在指標或條件。這些事物之所以不受偏愛，是因為假使可以選擇的話，我們寧可希望不要降臨到自己身上，比方說疾病、缺點、醜陋、家徒四壁與默默無聞等等。甚至我們的身體狀況也被視為負面的無關緊要之事。因為儘管人人都喜歡身強體壯，應該會努力給自己提供最佳照護，但是，沒有人可以不受疾病的侵擾，即便盡其所能預先防範，也無法完全不生病染疫。當我們年歲漸長，便會逐漸病痛纏身。我們的確可能因為不願意承認如此的命運而深感苦惱，但假使隨著時間的流轉，可以坦率大方地接納現況，便會為你帶來平和恬靜的心境。當理解到每個人最終都將回歸天地之間，這正是人生的智慧之光。

　　一提到容貌的問題，儘管每個人對美的定義並不相同，但我們當然都喜歡擁有迷人的外表。無論如何讓自己顧盼生輝，美麗遲早都會消退。全球頂尖的整形醫師也許可以帶來奇蹟，但是依舊無法戰勝無可避免的老化衰敗。馬可・奧理略深深有感於人人都會蒼老力衰、油盡燈枯，於是說道：「人生苦短。誕生之初微不足道，不久之後便化為塵土。這是天地之道，人人都是過客。」（《沉思錄》卷4第48節）我們可以各隨己意，改

變外在肉體的模樣,不過,執迷於此,只是一而再追趕一列稱為「幸福」的列車,卻永遠不會抵達目的地。甚至是那些已經感到擁有一心所願的容貌的人,也無法豁免於苦惱的煩擾;因為當外貌成為主要的成就展現,很快便需要再修修弄弄。

當我們不是依循「價值」過活,亦即不是依照自己重視的美德來作為生活目標,而只是想要外表光鮮亮麗而已,那麼在最終獲得明眸皓齒之前,都會不時愁容滿面。這個「美麗、痛苦、美麗、痛苦」的循環,令人始終惶惶不安。

認清對人生毫無重要性的事物為何,可以讓我們擺脫,以為被這些事物控制我們的幸福或成熟狀態的偏見。我們可以選擇讓這些「寶貴的身外事物」失去原本的魅力,並且當生活中出現這些誘惑時,務必保持一顆冷靜的心。只要心緒清明,便能讓人在做決定時更有把握,也會更加相信,無論自己的遭遇為何,自己都會安度難關。「平和的心境,是在平靜中所享有的自由」——這句西塞羅的標誌性格言,優雅而簡要地表達了這種感受的深刻本意。

請依照「人們在意之事」與「實際上重要之事」來評估下列各條陳述,並一一勾選。

陳述項目	人們在意之事 (✓)	實際上重要之事 (✓)
你待人接物的作風		
你在社群媒體上的關注人數		

你家的草坪綠意盎然		
你的衣服的尺寸大小		
身體健康狀況良好		

接下來,請製作一個表格,列出你的生活中人們所關注的若干事項,然後依照「人們在意之事」與「實際上重要之事」來評估各個事項,並一一勾選。

陳述項目	人們在意之事 (✓)	實際上重要之事 (✓)

如果命運許可（「如果上帝許可」）

斯多噶哲學家並不相信有人格神的存在，這與許多宗教的信仰方式截然不同。他們反而篤信這個宇宙是由某種神聖的力量或權勢所統治，將這種力量視為內在於這個世界之中，而非超越性的存在。於是當斯多噶先哲說「如果上帝許可」，他們並非指稱某個有能力干預人間事務的人格神。相反地，他們是在表達生活中發生的事件，最終是由這股神聖力量的意志所決定；而是否與這個力量保持協調一致，並依照相關的法則過生活，則由每個個體去取決。

「德爾斐箴言」（Delphic maxims）是一組銘刻在德爾斐（Delphi）的阿波羅神廟中的格言，文句的陳述簡潔精鍊，對於人們如何擁有良好而滿意的生活，提出了適切的忠告。其中的一個箴言是「amor fati」，亦即「愛你的命運」。依照翻譯版本的不同，這個箴言的實際措詞可能會有所變動。不過，一般上的理解是我們不應試圖預測或控制命運，而應該接受事件一波波顯露自身的過程，並充分利用其中出現的機會。這樣的概念經常會表達成「如果命運許可（的話）」如此的套語。於是，比起去說「如果上帝許可」，「如果命運許可」這個短句便顯得更合理：例如，「如果命運許可的話，我會出席活動」、「如果天意許可的話，我會達成目標」等等。這個短句通常都是作為語帶保留的子句，添加在主要句子的後面。這樣的子句意在提醒我們，生活中並非每件事情都會依照既定計畫進行。

與「放下執著」的勸誡並行不悖，我們假使從「如果命運許可」的脈絡來思考每一件事情，便會受益無窮。藉由添加上一個語帶保留的子句，我們就對於原本預計將循序發生的事情，重新給予一個新的觀看架構。這對我們發展心理韌性也頗有助益，可以讓我們對事態變化更有適應力。因

為這個子句提醒了我們生活不斷變動，必須對意料之外的變化預先準備，比如遇上車禍，或為某個活動重複預約了不同的場地。如此一來，在出其不意的事件發生之際，我們就不會傾向於過度苛責自己。

唯有在命運許可之下，你才能「為所欲為」。當你因為無力控制之事自責不已，從中滋生出貶低自我的想法，往往會導致自尊低落、自我懷疑、自信降低或無價值感等惡果。隨著時間的推移，種種貶低自我的念頭，可能會構成一個負面思考的循環，不僅讓人更難以信任自己的實力，更會讓實現目標之日遙遙無期。而且，也可能會妨礙我們形成與維繫良好人際關係的能力，讓自己受困於寂寞與孤立的感受。在情況嚴重的案例中，貶低自我的想法可能引發憂鬱或憂慮等症狀的惡化。這也是當我們針對所致力的任何事情，在口頭上或思考上都一一加上「如果命運許可」這個短句，對我們裨益甚大的原因。

「我們無法指揮風向，卻可以調整風帆」──這則古老的諺語使「如果命運許可」這個概念更具說服力。我們只能盡力而為，依照能夠取得的資訊去控制力所能及的部分。筆者衷心希望，你可以不要事事對自己太過嚴苛──如果命運許可的話；也希望本書可以去到真正能夠獲益的讀者手中──如果天意許可。

在憂慮卡住你之前，先卡住憂慮

為了說明人類根深柢固的怪異行為，荷馬・辛普森（Homer Simpson）堪稱是一個鮮明的好例子。在動畫喜劇影集《辛普森家庭》（*The Simpsons*）特別有趣的一集中，他從一部自動販賣機買了一罐汽水，不料這罐飲料卻在要掉下來時被卡在裡面。他於是將手臂伸進機器裡面，想要直接取出，結果卻連手也被卡在裡面。幾個工作人員在幾番嘗試要幫他拉

出手臂未果之後,認為可能必須要砍斷他的手臂才行。然後,其中一名工作人員問了一個絕妙的問題:「荷馬,你正緊緊抓著汽水罐嗎?」

我們面對憂慮的反應方式同樣如出一轍:我們之所以被憂慮卡住,導致自己動彈不得,只是因為做出了這樣的選擇而已。我們以為,假使沒有掌控便會失控;甚至在我們以為自己擁有的掌控力其實也只是出於幻覺而已,我們卻依然固執己見。飲料罐被我們拚命緊抓不放,彷彿那是一個可以保佑我們的護身符。實際上那遠非護身符,比較像是一件「被當作寵物的石頭玩具」(pet rock)而已,不僅硬邦邦,而且毫無用處。然而另一方面,我們通常會以為對無力控制之事所滋生的憂慮,應該可以敦促自己採取行動,為自己預做某些防範措施,進行某種「損害控制」(damage control)的處置。事實上,我們的確有所行動,只是那並非屬於正面的行動。

許多人會認為,只要事情不在掌控之內,便會失控,實際上卻恰恰相反。牢牢抓住憂慮不放,會嚴重抑制潛能的施展,也可能會妨礙我們對手邊工作的專注力。當我們不斷憂心忡忡,通常就會過度胡思亂想,執迷在可能遇上的難關與不利的結果上。這可能導致我們難以關注當下正在進行的任務,並且無法正確思考。結果可能造成事情錯誤百出,或無法展現自己的最佳狀態。然後,我們還會更進一步開始擔心,自己喪失了原本的優點,並且質疑本身所擁有的技能,即便此前已經證明勝任無虞,但也無助於說服自己。

假使讓憂慮惡化,隨之而來的焦慮與恐懼便會入侵我們做決定時的心緒,使我們不再能夠依靠事理邏輯或證據來思考。如此一來,我們就可能無法做出有利於自己的最佳選擇,或是所做出的選擇與自己的價值和目標並不相符。我們可能因為害怕失敗,或害怕被拒絕,避免冒險或嘗試新事物。此外,我們可能在需要協助時,選擇迴避尋求幫助或支持。或者,我

們也可能為了全力應對惴惴不安的情緒，因而投入不健康的行為中，比如酗酒或嗑藥。

頑固地緊抱憂慮不放，也會讓人始終怏怏不樂，從而使我們看待所身處的這個世界的觀點，產生癌變。我們原本可以看出別人所表達的同情心、同理心、誠實與尊重，後來卻只瞥見令人忌憚的行為，比如怨恨、輕蔑與自私。這可能會讓人對生活中的大部分事情，採取悲觀的立場，並且損害目前人際關係的經營，或阻撓新的人際交往的建立。隨著時間流轉，這可能會使人發展出奠基在恐懼與焦慮上的扭曲異化，或是不健康的世界觀，因而不再以正面與切實的觀點來衡量一切。

簡單來說，憂慮並非進行「損害控制」的對策。相反地，正是我們對於無法掌控之事的忐忑不安，才「損害」並且「控制」了我們。處在心神不寧中，我們可能以為自己只不過是與負面事物僵持不下而已。但事實上，憂慮卻讓我們自己對抗自己——我們變身成為自己最棘手的敵人。這便是釋放憂慮為何如此重要，因為不再愁腸百結，我們才能專注在能夠掌控的事物上，避免憂慮控制我們的生活。如此一來，我們就能維持健康的世界觀，日日有效率而積極地活在當下，由此提升整體的生活品質。正如同馬可・奧理略所指出：「你本身的幸福，取決於你為思考所設定的框架。」

以下是一個與荷馬・辛普森遭遇的尷尬困境相仿的好例子。有一種陷阱機關，對於抓住猴子完全屢試不爽。捕獸人會先在椰子殼上鑽出一個小洞，然後放入美味餌料。猴子會伸手進去抓住誘餌，但在想伸出手之際就會被卡住。原因可想而知：抓滿美食的手比空手時要大上一些，而且也比洞口大（圖一）。想當然耳，猴子唯有放掉手中的東西才可能脫身。你可以在網站http://www.newharbinger.com/52663下載底下這個練習的副本檔案。

如何從猴子陷阱中脫困

由於我不想放手,導致我一直受困的事情是什麼?

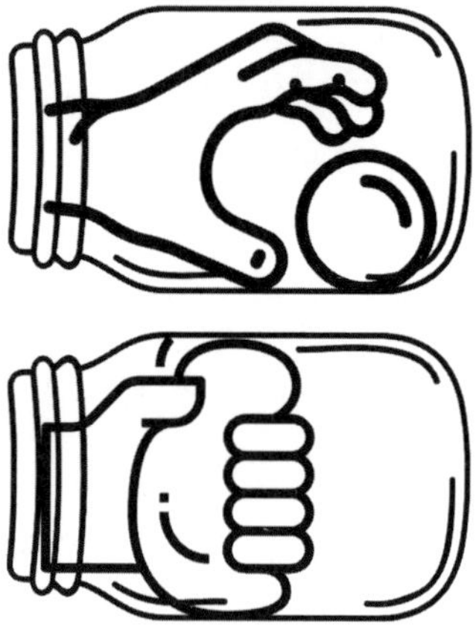

....
....
....
....

如果我放手的話,我會失去什麼?

....
....
....
....

圖一

如果我答應自己放手,我會贏得什麼?

....
....
....
....
....
....

在「身心自由」與「難以企及的結果」兩者之間，我比較偏好哪一個？

....
....
....
....
....

提升對不確定狀態的容忍度

　　在本章尾聲，你將面對挑戰你對不確定性的容忍度的若干練習。我們需要花時間去學習，如何可以不僅能夠平靜接納，還能欣然迎接不確定的事物。請牢記，日常生活原本固有的特點便是不確定性，我們不應害怕與規避無法明確預知的事物。事實上，我們反而可以從中覓得學習、成長與茁壯的機會。一如衝浪手必須去適應瞬息萬變的海洋，我們也必須調整自己去應對生活中一波波湧來的不可預測、變化無常的事件。我們無法控制翻湧的波濤，但是無論面對大浪或小浪，我們卻可以學習如何乘風破浪，從中悟得平衡與協調之道。

　　衝浪手從駕馭浪潮中獲得無窮樂趣，我們難道不能也同樣樂在其中嗎？接納不確定性，並學習駕馭一波未平、一波又起的人生，無論會有怎樣的際遇，都將有助於從自身的經驗中，發現生命的意義與實現自我之道。為了讓你自此以後都能接納生活的不確定性，以下列出你每天可以詢問自己的若干問題：

- 在我的生活中，有可能事事確定不變嗎？
- 我希望確定每一件事，這樣的需求究竟是有益或無益？
- 只是因為我無法確定，便預估會有壞事發生，這樣是合理的嗎？
- 相較於發生壞事，發生好事的可能性有多大？
- 我可以預測未來嗎？可能性有多大？
- 某個好友經常害怕生活的不確定性，我會給他什麼建議？

· 本 章 重 點 ·

- 依照你能掌控或不能掌控的判準，將所遭遇的事件分類。
- 你之所以受苦，是因為你嘗試去掌控力有未逮的事物。
- 世事無常是人生真相，我們從生到死都無法從中脫身。
- 提升你對不確定性的容忍度，你便提升了心理韌性。

3 釐清
美德與價值

首先，告訴自己你想成為什麼樣的人，
然後，便去做你當做之事。

——愛比克泰德《語錄》卷3第23章

斯多噶先哲深信，我們的生活必須實踐四項美德：智慧、正義、勇氣、節制。何謂智慧？大抵即是努力獲知人生中對我們最重要之事。而什麼是最重要之事？依照諸如「接納與承諾療法」（acceptance and commitment therapy）這樣的治療方式的論點，即是我們的「價值」。在這個討論脈絡中，所謂的「價值」是指對我們至為關鍵的行為特徵，可以讓我們獲得自我實現的滿足感。這些價值不僅意指我們在生活中真正嚮往實踐之事，也涉及我們奮力想成為的人的模樣。你可以在網站 http://www.newharbinger.com/52663 下載底下這個練習的副本檔案。

　　要釐清自身所重視的價值，第一步是先挑出一件你在認真進行的事情（或是你認為應當從事之事），然後詢問自己下列的問題：

為什麼這件事對我很重要？

....
....
....
....

我之所以做這件事，是因為這件事符合我想成為的人的模樣嗎？請具體說明。

....
....
....

或者我之所以做這件事，只是因為想要避免哪些不安的情緒？請具體說明。

....

....

....

....

當你遠離你所重視的價值	當你朝向你的價值而努力
我試圖迴避什麼想法、問題、情緒……嗎？	我的優先事項是什麼？
使我不舒服與不安的想法、問題……是什麼？	哪些事情對我很重要？
我錯過或喪失了什麼？	我這一生想要做什麼？

當你填寫完上面這個表格後,請思考下列問題:

假使奇蹟發生,我不再受到不安情緒的困擾,或者假如我所擔心的難題突然間煙消霧散,那麼我這一生想要優先去做的事情是什麼?

....
....
....
....
....
....

經過如此的思考之後,我所得知的「對我至關重要的事情」是什麼?

....
....
....
....
....
....
....

在我們戮力以赴的事項當中，有些事情是因為可以讓我們的生命有意義，所以我們全心投入其中。然而，有時候我們廢寢忘食埋頭苦幹，卻只是由於我們不想與自己的某些念頭與情緒獨處。誠如作家塔拉・布萊克（Tara Brach）所言：「始終保持忙碌，是一種社會認可的生活方式，讓人可以與自己的痛苦遠遠保持距離。」（Brach 2004, 16）我們可能無比熱愛音樂，但原因也許只是出於長時間聆聽音樂，可以讓人將注意力從實際的生活事件轉開。從某方面來說，這可以算是一種調適技巧，但在另一方面，卻也可能是一種迴避問題的行為。假使這股對於音樂的興致並不只是逃避現實而已，那麼就可能符合你的價值。

　　「價值」較不與「你不想要之事」相關，而與「你真正想要之事」有關，具體來說，就是你主動想要去做的那些事情。你想要讓生活中的什麼事項，成為必需不可少的？你會如何透過行動去展現如此的意願？價值可以指引人生的方向，而種種的短期目標則是當你踏上這場旅途時，所可能設定的一個個具體的步驟。假使對音樂有興趣，就可能設定自己要學習彈奏某一首特定的曲子，或前去聆賞某一場特別的音樂會等等短期目標。這些都是清楚明確的小目標，或許在實行過程中也會頗為有趣；但一完成後，卻也可能讓人感到煩躁不安，比方說我們可能會自問：「嗯，那我現在該做什麼呢？有什麼事可以繼續做下去？」

　　本章將探究斯多噶哲學家所標舉的基本美德，以及在克里斯多夫・彼得森（Christopher Peterson）與馬汀・塞利格曼建立的方法學（2004）中所支持的那些強項品格，你很快便會讀到相關闡述。你也將學習到，如何運用所列出的簡單直白的問題，來釐清自己看重的價值究竟有哪些。本章最後會剖析這個論題領域中最常見到的問題之一：如何確保你不會只是採納來自社會或其他人的價值過活，而是可以經由自主抉擇，去建構出一個令自己滿意的喜悅人生。

價值與美德為何如此關鍵？

在我們逐步辨明自身的重要事物為何的過程中，另一個根本的問題是詢問自己：「我這一生的最終目標是什麼？」孜孜追求幸福的生活，經常並不容易水到渠成，因為幸福轉瞬即逝。一般而言，為了在人生中完成企盼的長期目標，你必須能夠容納並忍受種種不愉快的人事物。假使你將幸福視為可以立即或持續感受的快樂狀態，那麼你將容易陷入許多自我挫敗的思考模式與成癮行為中。

假使你可以在思考上後退一步，來琢磨你這一生的種種經歷，就可以從中獲得一種對自己的洞察力。當我們過著一個可以實現自我的有意義的生活，隨之而來所享有的那種愉悅感，斯多噶先哲將此稱為「eudaimonia」（蓬勃煥發）。想要實現人生的最終目標，唯有日復一日遵循智慧與其他美德來過生活，才能有圓滿達成的一天。

「eudaimonia」（蓬勃煥發）一字讓人心中浮現草木興盛、枝繁葉茂的意象。假如你是一名園丁便會明瞭，需要時時悉心管理，才能造就似錦繁花。儘管花木扶疏的美景令人滿心歡喜，卻也極可能意味著勞心費力的照料工夫。真正的成功必須經歷長時間的考驗，然而所獲得的長期滿足感，也不枉你所付出的心力。

斯多噶先哲與其他希臘的哲學家都使用「eudaimonia」（蓬勃煥發）這個獨特的字詞，來指稱人生的終極目標。雖然眾所周知，這個字很難譯解，但是如果直譯，意思即為「擁有一個善意的鬼魂」，或是「擁有一名心靈嚮導」。在過去，這個字通常都譯為「幸福」，不過，現在大多數的學者都同意，「繁盛」或「滿足」這樣的譯法比較合適。「eudaimonia」並非只是一種感受，而是意指一種完滿的存在樣態。那是一個人過著最佳生活的狀態，在紛紛擾擾的眾人當中，仍舊自有處事之道。在下一個練習

中，可以讓你核對本章一開始所釐清的那些價值,是否真的是你身體力行的價值。

我在生活中擁有哪些目標與抱負？請列出一二。

....
....
....
....
....
....

假使我默默進行這些朝向目標的事情,沒有告訴任何人,或是沒有公布在網路上,這樣會改變我的這些最重要的目標嗎？

....
....
....
....
....
....

我想要從事的這些事情，可以讓其他人留下深刻印象嗎？

....

....

....

....

....

是否有一些事情是我必須經由他人認可，才能獲得滿足感？

....

....

....

....

我希望自己過著什麼樣的生活？

....

....

....

....

....

什麼樣的事情可以讓我的人生獲得屬於自己的意義？

....
....
....
....
....

在我所從事的那些讓人留下深刻印象、或使其他人欣喜的事情當中，是否會出現與我想要成為的人的模樣並不相符的情形？

....
....
....
....
....

我想要全力以赴優先去做的事情是什麼？

....
....
....
....
....

針對底下所列出的美德，從0至10分來評估，「0」代表「完全不重要」，「10」代表「最重要」，請一一評定對你本身的重要性高低。

智慧：... 正義：...

勇氣：... 節制：...

我見過其他人在生活中展現過這些美德嗎？請詳述情況。

智慧：..
....

正義：..
....

勇氣：..
....

節制：..
....

在這些美德中，有哪一方面我希望自己多多努力？

....
....

智慧

儘管其他人可能將財富、名聲等指標列為人生的優先事項,但斯多噶哲學家卻認識到這類事物並非如同表面顯現的光彩那般重要。因為所謂的「無知」或「愚昧」,意指在思考人生問題時不合事理,或是被虛有其表的事物所誤導。

斯多噶先哲認為所謂的「智慧」,涉及了我們應當認清,對於那些令人欣羨的外在事物,重點應該放在如何運用的方式,而非那些事物本身就具備不容忽視的重要性;而想要有效運用,則需要擁有理性思考力與良好判斷力。

事實上,斯多噶式的「智慧」特別有意識地指向個人自身。因為和其他種種事物相比,這門哲學更看重個人自身,並積極進行探究。

我們在實踐其他的美德時,不可能不動用智慧。為了獲知某個事物對自己是好是壞、是對是錯,最佳方法是去預想未來的自己。儘管必須承認,預測未來似乎有點困難,但還是可以試著自問:長遠來看,這件事對我有益無害嗎?智慧也能讓我們看清事物的本然面貌,而不會被一時的情緒或先入為主的成見所蒙蔽。

請描述近日的一次人際互動情形,尤其與對方交流時,並非以我所想要的方式進行。

在那個互動的情境中,發生了什麼事?

....
....
....
....
....

在那個情境中,哪些方面是在我的控制之內?

....
....
....
....
....

在那個情境中,我希望獲得什麼樣的結果?

....
....
....
....
....

我所希望獲得的結果，是合情合理的嗎？

....

....

....

....

....

就我所能控制的範圍來說，我那時可能可以做什麼事，來達成自己原本的期待？

....

....

....

從那次的行動，我是否學習到什麼教訓？並且可以應用到未來的互動中？

....

....

....

....

....

智慧是一種技藝

可想而知，作為智慧的典範人物，蘇格拉底本身便示範了許多以行動來展示智慧之光的佳例。有趣的是，蘇格拉底與一名年輕的貴族米諾（Meno）兩人的對話，恰好闡釋了他對於德行本質的想法。米諾一開始即詢問蘇格拉底「德行為何物」，德行是不是可以經由教導而習得。蘇格拉底隨即啟用了「蘇格拉底反詰法」（Socratic Method），要求對方界定「德行」一詞的意義。儘管蘇格拉底與米諾努力給「德行」下定義，但他們發現此舉困難重重。雖然他們最終並沒有獲得一個具體的定義，但他們兩人都從中獲得了寶貴的洞見與觀點，顯示出他們原本的理解有所局限之處。兩人的對話正足以刺激思考、挑戰既有假定，並體現了開放性探討的價值。這段談話連同從中所獲致的獨到見解，反映了蘇氏哲學更深遠的要旨：克服無知，便能贏得智慧。智慧本身因而包含一段探問的過程，並且是一種探求真理的技藝。

正義

當我們將「智慧」應用在與其他人的互動關係上，便會導引出古希臘人稱為「dikaiosune」的德行。這個字可以譯為「正義」，但是該字所含有的意義，比我們所理解「正義」一詞的意思還要更廣泛。較好的譯法應該是「社會性美德」。斯多噶哲學家將「社會性美德」又細分成「公平」與「善意」兩個類別。

就我們理解成「正義」或「公平」的社會性美德來說，斯多噶哲學家有時會將這種德行界定為：給予其他人應得的尊重，與公平地對待他人。今日的讀者經常指出，正義應該如何在實踐中表現出來，其實存在著許多

爭論。

這是一個複雜的論題，嘗試提供解答的論著多不勝數。幸運的是，種種不同的宗教與哲學派別（斯多噶學派也包括在內），採納了一條流傳幾世紀、家喻戶曉的規則——此即「黃金法則」。概括而言，「黃金法則」要求我們如果想要從其他人那兒獲得尊敬，就應該給予其他人相同的敬意。或是如同《聖經》上所提出的類似說法：你希望別人如何對待你，你就要如何對待別人。而與之相對立的惡行、不義或不公平，則是指稱：利用別人、對別人不敬，以及漠視他人應得的權益。

善意與同情

「善意」始終被視為是社會性美德根本的一面。「善意」涉及了一心期待他人幸福安康，無論對方是個體或群體皆然。懷有善意的人，會對待他人如同朋友，而非看作敵人。斯多噶哲學家皇帝馬可·奧理略便起造了一座命名為「仁心」的神殿，藉以表彰助人的行動。雖然他人的幸福並非全然在我們的掌控之內，但斯多噶哲學家並無因此對他人的成長茁壯漠不關心；他們會期許他人擁有成功的人生，即便心中也承認，來自命運的力量同樣作用其中，誰也無法強求。善意的對立面是殘酷或憤怒，斯多噶先哲將此定義為渴望他人受苦的邪念。克服憤怒之害，並以善意或同情取而代之，是古代斯多噶療癒法的基本目標之一。

斯多噶哲學家認為，助人不僅僅提供物質性的協助而已。為了在助人中展現智慧，我們必須先檢視若干基本問題，例如：「我們認為何謂善行？」以及「所謂幫助別人或傷害別人，究竟意味著什麼？」儘管社會明顯看重財富與名聲，但斯多噶先賢卻相信，智慧或美德才是唯一真正大有裨益的價值。因此，比起提供表面上有利之物，教導或與他人分享智慧之

見，才是更有效用的協助形式。

　　雖然善意與同情一般皆被視為我們在人際關係中可以對他人展露的美德，不過，斯多噶哲學家同時也將善意與同情看作是培養「自我同情」或「待己如友」（self-friendship）的工具，以便讓自己更能接納自身。

在我還處於成長階段期間，我十分需要卻沒有獲得的事物有哪些？

....
....
....
....
....

先不論好壞，哪些經驗如何影響了我今日的性格樣貌？

....
....
....
....
....
....
....

當我回顧過往的點點滴滴時,可以對自己表露某種程度的同情心嗎?

....
....
....
....

當時我所需要的事物,現在我可以如何給予自己?

....
....
....
....

勇氣

「恐懼」是我們最重要的求生本能之一。這種感受是我們與生俱來固有的情緒訊號,能夠提醒自己可能有受到傷害之虞。儘管當懼怕感變得不只是一個提醒訊號時,我們並不會因此手足無措,卻會導致我們無法做出必要而有益的反應。在生活中,我們有時會感到自己需要針對不公不義的問題,大膽說出意見或起身行動。但是一想到其他人可能對此會有的看法後,往往心生疑慮起來。於是,鼓起「勇氣」的行為在此即是指稱雖然依舊擔驚受怕,但還是會咬牙去做。

而對於任何不屬於生死關頭之事的恐懼,大致都可以歸類於不合理的

恐懼。誠如馬可·奧理略所言：「唯有在〔恐懼〕摧毀你的個性之際，才會摧毀你的生活。假使並非如此，那麼你便穩若泰山。恐懼就無法傷害你。」（《沉思錄》卷4第8節）

若你沒有選擇大膽說出或起身行動，就可能對你的個性傷害更深。對於那些聽到你伸張正義，因而認為你是傻子的人，不應任由這些人來左右你的個性。而且，即便他們真的如此對待你，你也不會因此遭遇到什麼糟糕的後果。

勇氣也可以意指當你領導一個團隊，或甚至你是一家之主，在面臨一場危機之際，你所展現的屹然挺立、不可撼動的態度。假使你擔負如此的領導角色，他人便會期待你成為他們所能倚靠的磐石。這並不意味著恐懼就此消失一空，但與此同時，也不應誇大危機的規模，讓畏懼惡化成心驚膽戰。凡事往壞處想，只會讓事態雪上加霜。必須鼓起勇氣，不讓懼怕阻礙你做出妥適的決定。在許多情況中，因為擔驚受怕而憂心如焚的人，都已經變成完全不能容忍自己感受到焦慮的情緒。這樣的人可能會脫口而出：「我只是不能忍受這樣的感覺而已。」他們通常已經發展出對於恐懼本身的恐懼。

這也是斯多噶哲學家在談及勇氣時的要旨：我們不能害怕「恐懼的感受」。

過去是否發生過我害怕去做某件事，但還是不得不去做？

....

....

....

在那個處境中,是什麼讓我心生恐懼?

....
....
....

在那個處境中,發生了什麼事?

....
....
....

儘管感到焦慮,我是否做了該做的事?

....
....
....

在自己做著那些害怕自己力有未逮的事情時,我是否感到驚訝?

....
....
....
....

一邊感到害怕，一般還是硬著頭皮去做那些困難的事情，這對我來說可能嗎？

....
....
....
....
....

在過去的生活中，我不得不去面對的恐懼有哪些？

....
....
....
....
....

在目前的生活中，我仍舊需要去面對的恐懼有哪些？

....
....
....
....
....

有哪些令人害怕（但沒有人身危險）的事情，讓我可以用來培養大膽行動的能力？

....

....

....

....

....

節制

　　當論及「節制」，我們可以簡單指出這是一種維持自律的能力。不過，透過談論節制力，也能讓人明白左右我們慾望的因素為何，比方說來自遺傳、環境、情緒與社會規範等的影響。藉由理解我們根深蒂固的不適當的慾望，便能夠發展出管理慾望的策略，然後讓你做出比較適切的選擇。馬可・奧理略的建議是，應當努力根絕那些不妥的慾望：「清除讓你分心的事物，管理你的慾望，消滅不健康的渴望，如此一來，你便能保有對你的心理與決定的控制力。」（《沉思錄》卷2第5節）

　　為了並非簡單地予以壓制，而是根除對人無益的慾望，我們必須去探明慾望的根源為何。歸根結柢來說，我們的種種渴望是受到身處的環境脈絡影響。而去明瞭這些脈絡為何，本身即是一場增長智慧的行動，可以進一步讓你知曉自身的真相。

　　依照斯多噶哲學家的思路，人們之所以受苦，是因為過度想望諸如名聲、財富、性愛、佳餚、美酒，或其他享樂等事物——這種種「樂事」都

可能使人成癮。可以表現節制力的人，除了能夠放棄不健康的慾望外，也有能力去抗拒對某些可能感覺良好、卻無益於身心的享樂渴望。然而除非配合「智慧」，不然單單節制不足以成為一項美德，因為不具識別力的自我紀律，很可能也會導致危害自身的行為。真正合宜的節制，是要求我們去明瞭，哪些慾望合於分寸、哪些慾望則需要放棄。我們可以透過自我覺察的過程，來了解自己與慾望的關係，並從中獲知取捨之道。

節制的對立面是放縱或過度，特徵是縱容自我、缺乏克制。蘇格拉底與斯多噶先哲相信，「智慧」若無同時講求節制，便毫無意義可言；因為容易受到諸般誘惑，讓人無法做出適切的決定。為了克服非理性或不健康的慾望與習慣，很多人經常需要來自心理治療或自助書籍的協助。古希臘人「凡事勿過度」的格言，便是強調均衡與適度的重要性，這也是古代哲學的中心主題。

節制所涉及的範圍並非只是慾望的問題，還包括控制我們的脾氣。斯多噶哲學家不僅研究那些縱容自我的行為，也思考瞬間暴怒所會引發的後果。他們同樣認為怒氣有害無益。斯多噶先賢塞內卡在著作《論憤怒》（*On Anger*）一書中指出，憤怒是「一時的發狂」。當我們陷入瘋狂發作的漩渦中，就會變成另外一個人，從而肇下神智正常（並且明智）的人不會惹出的事端。當怒火迸發，頃刻就會席捲一切。即便你的慍怒並非急如星火，但怒氣仍然會在你的心中築起一道陰鬱之牆，改變你對曾經歡喜的事物的感受。

你真的厭惡你的工作嗎？或者你只是度過糟糕的一天而已？你今天真的糟糕透頂嗎？或者只是某個人跟你意見不合？憤懣可以迅速讓各種事物失去原本的模樣。如同馬可·奧理略所言：「『怒氣』不應改變任何事情的原貌。『怒氣』不應讓你心煩意亂。」（《沉思錄》卷6，第52節）

假使我們留心怒氣陡升之際自己的狀態，那麼這個專注觀察自己的行動，可以如同「損害控制」措施一般，用來消弭那阻撓個人成長的種種障礙。我們可以選擇不要讓憤怒打擊我們，導致心灰意冷，或者不要讓憤怒阻礙我們成為自己理想中的人。對於容易瞬間暴怒的人來說，可能很難及時跟上自己發火的速度，以至於會說出或做出在正常情況下不會如此反應的事情。

　　有一個辦法是嘗試提早偵測到怒氣的煙硝味。比起你整個人暴跳如雷時去管控，在你還只是感到有點惱火之際，會比較容易撲滅點燃怒火的引信，從而重拾冷靜。假使你能懂得留意引爆憤怒前的最初徵象，那麼你就可以學會訓練自己採取策略性的暫停措施，讓自己鎮靜下來，以便做出合於分寸的反應。對許多人來說，怒氣往往真的會形成燎原怒火。所以，為了培養節制的美德，第一步便是去探明你的身體，實際上在哪些部位會體驗到憤怒的萌發。

請花些時間想想你生氣的情景。你在身體的哪個部位感受到怒氣？憤怒是從身體的哪個部位開始點燃，然後如何形成一股怒火？你可以詢問好友或家人，他們在你逐漸火冒三丈時所觀察到的情況──他們甚至可能注意到你在發火之前的情況。

....

....

....

....

....

憤怒的一般徵象（請勾選）

☐ 心跳速率加快

☐ 胃部不適

☐ 身體顫抖

☐ 握緊拳頭

☐ 感到身體發熱

☐ 呼吸模式改變

☐ 咬牙切齒

☐ 嗓音強度變化

☐ 說話速度加快或降低

☐ 肢體語言改變

☐ 其他身體反應：

....

....

....

....

....

「認識你自己」：你所期待的人生意義為何？

如同先前所提及，斯多噶哲學家將「智慧」界定成努力獲知對我們有益之事，而這涉及了去了解基本的人生目標。為了獲得智慧，根本的關鍵是去認識你自己，並知曉自己心底深藏的價值與最終目標。釐清價值的過程（亦即你此前在本章所進行的練習），便被視為智慧的一種形式。

現在，詢問自己最後一個問題：假使我想過著一個以熱情與美德為導向的充實人生，那會是什麼模樣？馬可・奧理略當初提筆撰寫《沉思錄》，原本即是關乎他的人生種種，再加上他研讀斯多噶哲學教導所獲得的心得。

價值釐清

如果坐下來開始撰寫我的回憶錄，寫出我的版本的《沉思錄》，那麼我會希望書中講述什麼事情？

我需要過著什麼樣的人生，才能讓自己講述那些事情？

....
....
....
....
....

那麼在我的日常生活中，會以什麼事情當作我的優先事項？

....
....
....
....
....

從這樣的思考中，我得知的自我價值有哪些？

....
....
....
....
....

我需要做出什麼改變？

....
....
....
....
....

以典範人物為師

　　既然你已經開始想像自己所嚮往的一生的模樣,那麼,應該如何實現這樣的願望？

　　有一項斯多噶實踐工具可以減輕這個轉變過程的困難度,讓你成為一心所願的人:亦即在心中圈定一名仰慕的賢德之人。斯多噶先哲特別著重見賢思齊的做法,敦促人們朝向理想典型去努力。儘管他們也承認想要達到真正睿智清明的狀態,機會極為罕見,而且挑戰性高,幾乎難以企及。不過,在心中「圈定一名賢人君子」的做法,可以激勵我們日復一日自我提升,過著符合德行標準的生活,並全心專注在真正的目標上:追求「智慧」與「克己」之道。

　　這場追尋之旅的神奇副產品,即是透過模仿我們所尊崇的人物,在每日生活中獲得更高的滿足感。這相當鼓舞人心,並能在我們自信地做下任何決定之際,激發我們更加信賴自己的判斷。

　　找出一名你景仰的人物,而且這位有為之人恰恰是有勇氣去活出與你的價值相符的人。列出你在他的身上看到的、令你欣羨的特點,並且要求

自己一一體現出來。透過每日模仿心底嚮往成為的典範人物,我們便能調整自己,依照想要的生活與想成為的模樣來舉手投足。你可能一開始會對這樣的做法感到有點彆扭,但請牢記,假使你打定主意在往後的人生中,都實實在在力行這個典範人物的行為特徵,那麼模仿就不會流於虛有其表與裝模作樣。

我的典範人物是誰?

....
....
....
....
....

這位人物令人心生佩服的特點是什麼?

....
....
....
....
....
....
....

這位人物他相信什麼價值？

....
....
....
....
....
....
....
....
....

就你所寫下的內容思考片刻。然後，每天都重讀一次你所列出的典範人物的特點，並且一天採納其中一個特點來實作看看。儘管人生中沒有太多事情可以讓筆者做出承諾——我們一開始也對此頗為掙扎——但我們還是能夠對你做出如下的承諾：

假使你依照自己的價值來生活，此種投資將會帶給你滿滿的回報。當你依照所選擇的生活方式來過日子，並且愈來愈有自信，你將會隨之成長茁壯，並會從自身催化出嶄新的技藝與能力。這會進一步讓你洋溢自信與充實感，讓你過著一個可以從中覓得個人回報的好日子。無論你可能遭遇的他人議論為何，無論令人懊惱的外在條件為何，你的內心都會湧出源源不絕的和悅暖流。

本章重點

- 專注在你的價值與德行上,可以讓你在遭受困厄打擊時,避免一落千丈跌到谷底。
- 幸福可能轉瞬即逝,不過,依循你的價值與斯多噶美德來過生活,將有助於你的成長茁壯,無論境遇好壞皆然——此即「eudaimonia」(蓬勃煥發)的要旨。
- 你的價值,是指稱你一生的最重要事物,而不只是你每次在界定目標時,在當下所看重的事物而已。
- 智慧、正義、勇氣與節制這些美德,不僅能讓個人獲得實現自我的滿足感,也能使社會全體獲益。
- 選定一名與你的價值相符的典範人物為師,並且每一天都努力實現屬於這名有為人士的一項特點。

4 體驗斯多噶人的生活
（從生活中創造改變的契機）

雖然了解理論的過程讓我們可以各抒己見，
然而，唯有持之以恆的實踐，才能讓我們真正落實理論的精義。

——莫索尼烏斯・魯弗斯（Musonius Rufus）
《講演集》（*Lectures*），第5章

能夠獲得深刻的體悟已屬難能可貴，然而體悟再加上行為改進，則更彌足珍貴。也就是說，學習如同斯多噶人一樣去思考，已經甚有裨益。不過，我們應該如何實行斯多噶人的生活呢？決定自己想要做出改變是一回事，但真正的改變並非只是口頭說說而已，還牽涉到可以持續運行的行為模式——這與婚姻的經營遠遠比安排婚禮難上許多的道理，可說毫無二致。本章的論題將聚焦於如何在你的生活中創造出改變的契機。

　　斯多噶先賢會描述你目前所處的狀態為「prokopton」。這個字意味著「進展」，過去該字都用來描述在邁向一個「由價值所驅動」的生活方式中，日日獲得進展的過程。而如何過著一個由價值主導的生活，則是透過時時檢驗自己的行動與想法，不斷努力改進來達成。這也是我們筆者三人迄今依舊戮力以赴的目標。如同塞內卡所言：「我在這裡與你們討論大家共有的問題，並提供解方，彷彿我與你們都是同一間醫院中的病人一樣。」（《塞內卡書信集》〔*Letters from a Stoic*〕第27封書簡〈論生命之短暫〉）

　　所以，親愛的有志一同繼續「prokopton」（進展）的夥伴，筆者將在本章中帶領你透過簡單的練習，協助你認清並理解自己目前的行為，同時讓你發展出採納新行為的有效策略。我們也將討論這一趟個人的成長之旅中，你的最後一哩路的功課：如何奠基於你自身的價值來回應這個世界——我們稱此為「機敏模式」。

　　這趟旅程會讓你成為一個更加神采奕奕、心理韌性更高的人，雖然在此期間經常會遭遇若干艱困的時刻，不過我們會一直在這裡支持你走完全程。對於你直到目前所讀到的有關價值與美德的課題，現在你已經具備了基本的理解。然而，介於現在的你與你想成為的人之間的關卡，正是你自己。不過，請牢記就像你渴望成為一個「由價值來主導人生」的人一般，其中的重點就在這段旅途上的苦甜體驗。

蘇格拉底挑戰世人

作為人，我們都會落入種種行為模式當中。有些行為健康有益，有些行為則不良而有害。然而我們的日常行為，卻是經由我們的信念、過去的經驗、世界觀與許多其他因素所共同塑造出來的模式。我們輕而易舉就會採納某個行為模式，但想要打破這樣的慣性舉止，卻經常困難重重。這也是為何在我們的身分認同上，行為模式明顯占有一席之地的緣故。與我們有志一同繼續「prokopton」（進展）的夥伴，你之所以會挑選本書，是因為你尋求有朝一日成為你想成為的人，亦即一個明智之人，期望自己過著能實現自我的高品質生活。事實上，這正是許多人之所以研讀有關提升自我論題的書籍的原因。

儘管潛心鑽研書中大義，許多人卻並沒有從中受益。個中原因並非那些著作的內容使然，而是因為這些書籍都會要求我們去質疑自己的信念與行為，於是最終也會挑戰我們自己。這個挑戰的過程會讓人感到不自在，有時甚至令人痛苦。

蘇格拉底透過提出一系列發人深省的問題，幾乎讓每個人都感到不自在，因為他的目標是要揭露人們信念與行動中的矛盾與易變之處。他經常引導對話者，最後讓他們認識到並不是真的理解那些自己宣稱已經掌握的概念。為了在你身上創造出持久的改變，我們也必須以蘇格拉底為師。

柏拉圖在《申辯篇》（*Apology*）中講述了蘇格拉底的一個故事：蘇氏將雅典城描述成是一匹懶洋洋的笨重馬兒，而他自己則是一隻馬蠅，專門來刺激並喚醒昏沉的雅典。挑戰我們的舒適區會引發刺痛感，而當我們真的放開舊有習慣，也會像發癢一般渾身不適。不過，當刺痛與發癢的感覺最終消退之後，你就會脫胎換骨。

深刻而銳利的探詢正如同馬蠅之於雅典，一開始可能也會叮咬得我們心神不寧。但是隨著時間的推移，這樣的探問卻能導引我們更深入地了解自己與周遭的世界，並使我們明瞭我們想成為的那個人與這個世界的關係。接受如此的不自在，便能蛻去舊我，踏上通往我們渴望成為的新我之路。

啟動機敏模式

　　愛比克泰德寫道：「每個習慣與技能都是經由持續不斷的行動，才得以建立起來，並從中獲得提升。例如經由走路，你才學會走路；經由跑步，你才學會跑步。假使你希望成為一名優秀的讀者，那麼就去讀書；假使你希望成為一名優秀的作家，那麼就去寫作。」（《語錄》卷2第8節）為了活得像斯多噶人，你必須盡可能達到明智通曉的境界。睿智的賢人儘管是假定上的理想型人物，卻也意味著我們必須主動努力追求，才能有為者亦若是。不過，斯多噶先哲（與依照常情的推理）卻也提醒我們，我們絕不可能達到全知全能之巔，或成為眾生中最聰慧之人。斯多噶哲學如同柏拉圖主義（Platonism）與伊比鳩魯學派（Epicureanism）一般，最初也依照創建者芝諾之名稱為「芝諾學派」（Zenoism）。不過，由於斯多噶先哲深深相信他們的哲學是為一般人所開展的哲思，而且他們最初的奠基者也並非必然明心見性、臻於化境，所以他們很快便捨棄了芝諾學派這樣的稱呼。

　　「機敏模式」同樣也不是讓人十全十美的通關捷徑。儘管機敏模式與讓我們故步自封的行為模式的運作方式相同，但是，行為的機敏模式卻透過培養心理韌性另闢蹊徑，從而幫助我們向前邁進。只要你持之以恆地實踐斯多噶的生活原則與來自認知行為療法的練習，當兩者合而為一，成為

你面對所遭遇的情境與事件的本能反應方式後,那麼你就進入機敏模式這個階段。

這個行為慣常模式的轉變,牽涉到一連串自動運作的認知啟動,最後成為行動者的第二天性,無須再藉由思考才能進行。於是從現在起,你不僅要建立對斯多噶生活哲學的熟悉度,還要學習來自認知行為療法的實務做法。經過日復一日不斷鍛鍊之後,前述兩者便會演進成你的自動反應方式,讓你獲得安詳平和的心境,從而使你每天都可以做出最佳決定,並讓你終生從中獲益。

圖二例示了機敏模式的四個面向。隨後的解說摘要,你可以在網站http://www.newharbinger.com/52663下載副本檔案。

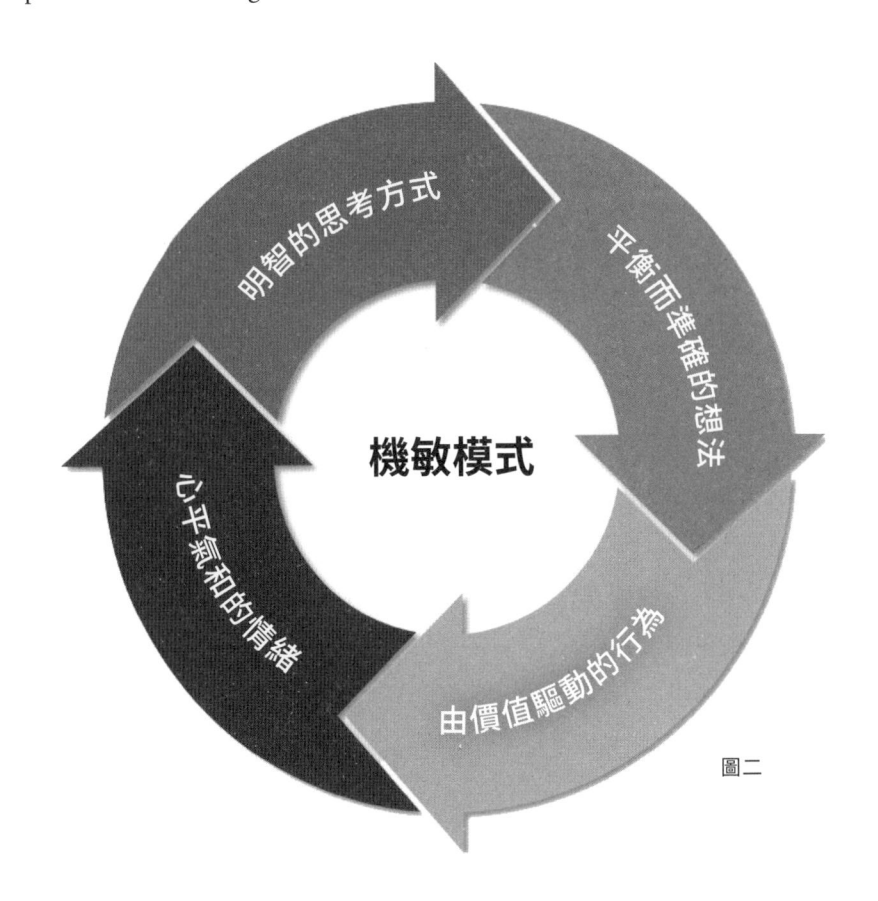

機敏模式
- 明智的思考方式
- 平衡而準確的想法
- 由價值驅動的行為
- 心平氣和的情緒

圖二

請翻到第1章末尾（P29）的那個練習，花點時間重新檢視你之所以想要使用這本練習簿的理由與動機。重溫了那時寫下的企圖與意願之後，請回想你迄今所學到的內容，看看是否有你想要更動，或想要為自己補充的地方。

明智的思考方式

承認並接受自己無法全面控制一切

正確合理地看待事情

焦點放在如何有效思考

具備求知心與同理心

由價值驅動的行為

以有意識的反應，替代下意識的反應

將能量與行為集中在建立有意義的生活

將能量投注在需要且可能改變的地方

放開對你無用的事物

平衡而準確的想法

務必去評估對事情的最初印象

擁有良好的實事求是的態度

心平氣和的情緒

時時覺察情緒並始終處於掌握狀態

為了符合自身的價值，必須容忍苦惱

全方位地體驗各種感受

我想要試著做做這本練習簿的理由是什麼？

....
....
....
....
....

我是否希望學習到什麼具體的項目？

....
....
....
....
....

我的心中是否有想要處理的特定問題？

....
....
....
....
....

我是否有想要全力以赴的目標或期盼？

....

....

....

....

在「機敏模式」的組成中，是否有我想要添加到努力清單中的項目？

....

....

....

....

如果有一天我實現了目標，我預估自己的生活會轉變成什麼模樣？在那樣的生活裡，我的一天看起來會是什麼樣子？請盡可能詳細列出細節。
另外，如果我達成目標，其他人會看得出我在做什麼嗎？會看到哪些事情？一個獨立的觀察者如果僅僅透過觀察，他將如何知道我已經達成目標？

....

....

....

....

請盡可能具體列出：為了開始建立那樣的生活，我今天可以採行的行動步驟有哪些？

....
....
....
....
....
....

要有所進展，而非盡善盡美

　　無論是否身為斯多噶人，我們的思緒難免有時候會紛亂如麻，頓時讓人手足無措。這不過是作為人的一個常見處境而已。這也是斯多噶先哲會認為儘管應當朝向睿智賢者的理想典型而努力，但我們永遠無法達成目標的原因。這門哲學看重實用性與有意義的行動，而非標榜高蹈的理想。

　　斯多噶先哲將自我覺察稱為「prosoché」。該字的意思包含了對自身的感覺、情緒與想法的觀察，以及將我們的注意力導引至此時此刻。簡單來說便是「專注力」，或稱「正念」（mindfulness）。所以，不應試圖制止我們的自然傾向與起初的反應，反而應該以管理這些當下感受作為目標。我們同樣不應該期待盡善盡美，而應該著手實踐斯多噶式的正念。我們的目標是去培養能夠回到本書所提及的斯多噶做法與CBT練習的能力，但這並非為了防止紛亂心緒的發生，而是防範自己被這股混亂所吞噬。

斯多噶的正念技巧

這句引自馬可·奧理略的話語，其中流露著斯多噶哲學的智慧：「前進的道路，位在克服障礙的方向上。那些阻撓我們進展的事物，也能用來當作通往成功之路。」（《沉思錄》卷5第20節）在我們所學習的正念技巧中，即闡明了把阻礙當作成功之道的理念。讓人們無法專注當下的原因，通常是來自於思緒萬千、心猿意馬所造成的障礙，亦即思考無法凝神穩定、念頭跳來晃去、此起彼落。

你可能會說：「想要學習有意識地專注在某件事情上頭，我完全沒辦法！因為我的腦子太亂糟糟了。」實際上，正念的訓練技巧正是在你胡思亂想之際，讓你學習重新導引注意力的竅門。經由反覆的練習，就能建立你的「心理肌力」，從而讓思緒不再漂浮不定。你無法控制腦子是否會神遊四方，但是你可以控制自己是否要一次又一次輕手輕腳，把迷途遊走的思緒帶回來。

1、挑選一個你想要專注的（內在或外在的）事物，例如牆壁上的一塊汙漬、你的呼吸，或燭光。
2、將注意力集中在那個事物上。
3、你的心思會隨即自動神遊起來。
4、留意自己游移不定的種種念頭。
5、對自己付出耐心，輕輕地將注意力導回至你在專注的事物上。
6、當心思又再度自動神遊起來，便重複4與5這兩個步驟。如此持續幾回。

試著讓自己牢記：正念技巧並非要讓你的思緒不再遊動，而是要讓你愈來愈擅長將注意力拉回到想要專注的事物上。這項技巧只是要讓你在注意力又飄移起來時，留意注意力的動向，然後輕巧地導引你的注意力回到原本的焦點上。

　　從認知行為療法的觀點來看，正念技巧本身並不具有療效。其中所涉及的概念並非要我們不斷練習正念技巧，從而達到禪定的境界——當然，這樣也完全沒有問題——實際上的想法反而是正念技巧可以降低我們的心智轉速。如此一來，便能夠幫助我們辨識出所有可以進行選擇的時刻——而這卻是我們的自動導航反應模式會跳過的部分。

　　假使你發覺自己經常會有衝動行為，往往在你還來不及思考之際便做出反應，導致覆水難收，那麼熟悉正念技巧，可能是一項有益的策略。

請回想你某一次在衝動之下做出的行為，然後依序描述造成那次衝動行為發生的一連串前導事件。盡可能詳細列出相關細節。

....
....
....
....
....
....
....

相對於已經做出的衝動行為，現在請想像你比較會想做出的不同行為。試著修改當初的一系列前導事件，然後，你在這一次可以看到自己做出了較想做出的不同反應。盡可能詳細列出相關細節。

....
....
....
....
....

請留意你想要展現不同行為的那些重要的事件關鍵點，注意在那些時刻中的特殊事件要素。如此一來，你便能在心中標記出這些事件要素，作為你未來做出不同反應的時機點。請在底下列出種種的事件關鍵點。

....
....
....
....
....

　　如同本書中的其他行為策略一般，正念也是一項技巧。只要常常練習，便能更加得心應手。為了讓自己對正念技巧運用自如，不二法門正是勤於練習。

馬可如何成為奧理略

在我們思考自己成為斯多噶人的歷程時，可以參考同樣處於發展階段中的前人經驗，並從中借鏡。馬可·奧理略之所以能夠晉升為哲學家皇帝——他本身也確實是一位帝國皇帝——可以見到有若干因素對他的成長影響至鉅。

當時後繼無人的皇帝哈德良（Hadrian）認為，他的姪孫馬可·奧理略看起來具有身為帝王所需要的特質，但是奧理略那時還只是個青少年。於是哈德良決定收養安敦寧·畢尤（Antoninus Pius）作為子嗣，不過條件是畢尤之後必須收養奧理略作為繼承人。如此一來，便奠定了奧理略未來的登基之路。哈德良隨後還任命了享有盛名的斯多噶哲學家朱尼烏斯·魯斯提庫斯（Junius Rusticus），去擔任奧理略的私人教師之一。

在奧理略的《沉思錄》（卷1第7節）一書中，他思考了從自己的導師身上所習得的事理：

> 魯斯提庫斯對我有深刻影響，他讓我理解到自我提升與建立紀律的需要。他教導我不要被無益的競爭所左右，要避免書寫論理抽象的概念，發表演說時不要口若懸河，而且在嚴守紀律或展現慈善作為時，不要尋求他人的讚賞。他也建議我，不要沉迷於修辭學、詩歌或詞藻雕琢的散文。

> 此外，對於凡是以言語或行動冒犯我的人，一旦對方表示願意和好如初，他鼓勵我應該迅速諒解他們。魯斯提庫斯也讓我循序漸進地了解到用心讀書的價值所在，而且，理解切忌浮光掠影。最後，他從自己的藏書中引介我認識了愛比克泰德的教導。我對此深表感激。

我們可以從魯斯提庫斯這裡所獲得的訊息是：斯多噶哲學並非為了著迷美言佳句的文青所撰述的花俏哲思，這個學派實際上是一門講求起而行的生活哲學。

奧理略習得了不要側重在舞文弄墨與搖頭晃腦等表面工夫上——那只是在做斯多噶人的角色扮演——反而應該力行簡樸生活、細心讀書、謙遜待人，並三思而後行。同時也要奉行智慧、勇氣、正義與節制四個美德來待人處事。

假使你渴望從斯多噶學派獲知真正的價值，並且在生活中締造出真正持久的改變，那麼你不僅必須懷抱誠懇務實的態度，也要有意願去接納真我，並嚮往對你有意義的自我提升，如此才能全方位體驗斯多噶哲思的真髓。而改變需要不斷的練習，這是根本的道理。每個人可以將這個道理落實在自己的生活中。

愛比克泰德師從魯弗斯

假使與上一節從相同的觀點切入，我們可以從愛比克泰德的學習過程中獲得怎樣的啟示？一直流傳至今的《語錄》與《手冊》二書，集結了愛比克泰德的思想精華。他深受他的老師莫索尼烏斯・魯弗斯的教導薰陶，而魯弗斯是古羅馬最具影響力的斯多噶先哲之一。

魯弗斯以他的正直與智慧聞名於世，他也是反對暴君尼祿施政的「斯多噶反對派」（Stoic Opposition）的重要成員之一。魯弗斯在第三度因為異議立場遭到流放後返回羅馬期間，將愛比克泰德收入自己門下。師生兩人對他們所致力宣揚的哲學投入甚深；他們一人曾遭流放、一人則曾經為奴，一般咸信如此的困厄體驗，使得兩人都擁有同情與理解他人的包容能力。他們同樣認為將理論化為實踐具有無比的重要性，如此一來才能產生

行動。

雖然魯弗斯留下的著作篇章相當有限，但顯而易見的是，師生兩人都採用直接簡練的風格來講學傳道。從愛比克泰德的《手冊》第33條，可以讀到：「你要經常保持靜默不語，假使你不得不張口說話，切記言簡意賅。」或許這也是《手冊》的行文風格，經常被描述為「直切重點、毫不煩瑣」之故。

當我們踏上成為斯多噶人的道路，相當值得思考愛比克泰德從魯弗斯那兒獲得有關這趟學習之路的認識。因為從他們所提供的先例，可以為我們指引方向。愛比克泰德說道：「哲學家的課堂可以當作一間『診所』。當你離開時，應該不會感到興高采烈，反而應該有點心神不寧才對；情況正如同你最初走進來時，並沒有處在最佳狀態一樣。」（《語錄》卷3第24章第20節）

我們今日使用「治療」這個詞來指稱可以緩解病痛的手段，或是某些處理根本健康問題的措施，而其中會包含一些棘手的程序。牙醫師可能會使用局部麻醉劑，來減輕某個療程上的疼痛，這對病患很有幫助；雖然這個過程的主要價值，是為了處理患者更重大的困擾。就此類比來說，斯多噶哲學注定不是局部麻醉劑，而是一部鑽牙機。而且這門哲學說起來也與物理治療的處置情況相似：治療師會強調必須勤快地操作一些困難（有時也引發疼痛）的動作，藉以改善身體機能，增加我們的靈活度。

愛比克泰德同樣也以為斯多噶哲學的宗旨，並非讓我們免於痛苦的侵擾，而是激勵我們直面困境，去解決問題。不過，在我們經受這個短暫痛苦的另一面，卻是一輩子幸福生活的回報。一如莫索尼烏斯·魯弗斯所言：「當你費盡千辛萬苦才獲得某個有價值的回報，那些勞苦會很快退去，但是正面的成果卻會長存下來。然而，假使你為了當下的快感而做出有失體面的醜事，那種快樂會很快消失，而羞愧感則永遠無法擺脫。」

(《片羽集》*Fragments*，第51條）我們確實可以從愛比克泰德的斯多噶旅程習得若干有益的經驗，並應用到自己的生活中。

在不斷進展中披荊斬棘

在「prokopton」（進展）的旅程上，我們朝向智慧與均衡勉力前進。不過，斯多噶哲學並不會使我們免於感受到來自所身處環境的阻抗，或是避免某些時刻陷入自我懷疑的困境。

面對著許多年來——也許數十年來——一直朝著同一方向滾滾而去的水流，難道我們預期逆流而上會易如反掌嗎？肯定不會如此。當我們有所改變，我們的周遭環境也會有所回應。一如奧理略每天早晨都預期會遭遇到臣民對他的政策的抗拒，於是他會在事前做好準備。我們同樣也應該料想到在自己的生活中，會遇見那些並不完全理解我們的人生追尋的其他人。另外同樣重要的是，要去留意自己是否一下子承擔了太多的壓力。

如何判斷自己的真實情形，有一個可以觀察的有用指標：通常只要一滋生出自我懷疑的情緒，我們的心理狀態便會倒退至舊有的模式——也就是說，那些可以讓自我感覺良好，最終卻會阻礙我們前進的熟悉行為。當壓力愈大，自我懷疑的程度就會愈強烈。這樣的徵象其實只是伴隨改變而來的成長所必經的困頓而已。透過迎接這些挑戰，而不是為了避免受傷害或贏得認可而犧牲真我，我們便能獲得遠遠更加豐盛的回報——亦即無論遭遇何種境況，都能保有一個可以實現自我的有意義的生活。

在心中牢記以下這一點會受益匪淺：馬可‧奧理略的《沉思錄》一書的內容，並非全然來自他本人的思想所得。該書集結了他學習斯多噶哲學所記錄的筆記，業經證實對他生活的幾乎每一個面向都甚有裨益。而這場學習之旅也從未停下腳步，因為這位羅馬皇帝直到離開人世之前，始終都

是斯多噶哲學忠誠的信徒。

　　如同早前已經提及,奧理略相當強調無常與變化等觀念的重要性。他深信宇宙固有的一個基本面向即是變動不居,這個想法可說繼承了前蘇格拉底時期的思想家赫拉克利特(Heraclitus)的哲學理念。如同蘇氏在柏拉圖的《克拉底魯篇》(Cratylus)中所表達的讚語,有關赫拉克利特的洞見——「生命唯一恆常不變的原則,即是變化」——始終是一個深刻而不朽的體悟。

　　馬可‧奧理略同樣認識到,隨著變化而來的現象經常是失落,或是必須放開那些我們可能已經依戀的事物或習慣,比如原本所身處的「舒適區」,或渴望被他人接納的需求等等。儘管死亡是每個人共有的命運,但是生活停滯不前與依賴外物來使自己快樂,在在都只是清醒的死亡而已。於是,斯多噶哲學的目標才會聚焦在由最緊要之事來指引我們成長茁壯,從而過著一個完滿的人生。

・本 章 重 點・

- 變動不居,即是生活的過程。
- 在種種不同因素的作用之下,舊有的行為模式可能讓人感覺彷彿自動運行。
- 生活的「機敏模式」,包括:明智的思考方式,平衡而準確的想法,由價值驅動的行為,心平氣和的情緒。
- 你可以運用斯多噶哲思技巧,來培養斯多噶生活模式。

5 從強求到接納

外在的環境並不會屈從於我們的期待。生活中的事件自有開展之道,而人們也各隨己意行事。假使能夠遵循如此的道理行事,生活將靜謐安詳。

——愛比克泰德《手冊》第8條

西元一世紀時，莫索尼烏斯・魯弗斯名列古羅馬的知名斯多噶哲學家之一。他的智慧與正直贏得了世人無比的敬重，使得當今的學者有時會將他類比成「羅馬的蘇格拉底」。魯弗斯也是起身對抗暴君尼祿的斯多噶哲人之一。他們的異議行動導致後來遭到流放的命運，魯弗斯當時的一名盟友特拉塞亞（Thrasea）便表達了他們這群人寧可一刀斃命，也不願面對放逐的下場。

不過，魯弗斯對此並不苟同。「假使你判定死亡是更大的不幸，」他問道：「那是基於什麼道理呢？或者，假如你決定把死亡當作是兩害相權取其輕的選擇，別忘記提供你這樣選擇的人是誰。為什麼不試著接受已經擺在你眼前的一切呢？」（愛比克泰德《語錄》卷1第1章第26節）

本章的主要重點是我們要與現實和解，但與此同時繼續保有心理韌性與堅持不懈。其中的智慧不僅有助於我們認清，已經發生的事情是我們所面對的現實，而且也有利於我們將努力的重心置放在實際可以掌控的事物──亦即我們自己。本書之後也將重新檢視來自魯弗斯的思想理路與見地。

我們同時也會去思考哲學家愛比克泰德本人所立下的楷模、所代表的精神。他甫一出生即落入奴隸的身分，根據記載，他有一條瘸腿，因為他曾經遭受奴隸主施加的殘酷身體虐待。儘管飽經磨難，他卻指出：「病痛會妨礙身體，但除非意志願意屈服，不然任何傷病也阻撓不了意志。瘸腿阻礙了腳，卻無法攔阻意志。對每一件難以預料之事，我們都必須將這一點牢記在心。你會留意到那些事件可能會在其他面向讓人舉步維艱，但絕非你的核心自我。」（《手冊》第8條）他還提及：「你可以束縛我的雙腿，但甚至是天神宙斯，也無法壓制我的自由意志」（《語錄》卷1第1章）

他的意思再明白不過了：你可以用鏈條拴住我的腿，卻無法拴住我的心。這讓人明瞭：雖然我們並不總是可以控制外在環境，卻可以控制自己

選擇如何回應的方式；甚至當加諸於我們的外在條件既令人痛苦又不公不義，我們依然擁有自主性。

為了探究在令人苦惱的處境中可能的回應做法，讓我們先看看底下有關琳達與亞當的故事。

琳達積極參與有關信仰的活動，但她已經成年的子女卻對此興趣缺缺。她已經向他們提過很多次，希望他們一起上教會。但是她愈常提起這個話題，他們便愈不想跟她討論。

如果琳達更努力去說服子女，你覺得會發生什麼事？她也許可以試著強迫他們聽她讀《聖經》。或許她也可以將教會的布道時刻表寄給他們。或者，如果她請求傳福音的教士人員去拜訪他們，說不定可以使他們回心轉意。而她也可以嘗試哄騙子女回家裡吃一頓晚餐，雖然其實已經邀請牧師一道同席。

琳達這麼費盡心思想方設法，會有助於她達成願望嗎？或者她可能事與願違，甚至讓孩子們與她漸行漸遠？

琳達的期待是什麼？

....
....
....
....

她的期待是她可以掌控的事嗎？

....
....
....
....
....
....
....

她試圖控制局面的發展，對事態有何影響？

....
....
....
....
....
....
....

在高速公路上，亞當因為眼看有個約會就要遲到，於是行駛在超車道上。但是，位在他前方的車子，卻開得不像他所以為的那樣快速。他自語：「左車道不就是用來超車用的嗎?!」一股怒火在胸臆中燃燒，他朝著前方車輛大吼：「老兄，開快點會要了你的老命嗎?!我就要因為你遲到啦！」

如果加大警告的強度，可以讓那輛車離開車道嗎？或許他可以不斷地按喇叭，並且一邊揮舞拳頭？如果他開始逼車，對方可能會因此加速起來。他也許可以冒險從前車一旁來超車。

以上種種選項可以讓亞當如其所願嗎？那輛車確實可能因為亞當的誇張行徑而駛離車道。不過，亞當的態度也可能使得前車駕駛對他的任性行為感到厭惡，於是出於惱怒，甚至放慢了車速。然而當亞當的行徑愈來愈挑釁，也就愈來愈可能讓最壞的結果成真：也就是說，被警察攔下，不得不停在路邊；或是引發車禍事件，甚至可能造成其他人喪命。如此一來，比起只是約會遲到，卻會導致更多風波周折、更無窮盡的惡果。

亞當的設想是什麼？

他對這個情境的設想與要求，是他可以控制的事嗎？

....

....

....

....

他試圖控制局面的發展，對事態有何影響？

....

....

....

....

由此推上山去：薛西弗斯永無止境的煎熬

　　在希臘神話中，薛西弗斯（Sisyphus）因為遭受了冥王黑帝斯（Hades）的懲罰而聞名：冥王命令薛西弗斯必須重複將一塊巨石推上山頂，日復一日、永無休止。他永遠無法完成這項懲罰。個中的難題並非他不夠努力，而是他在進行一件不可能達成之事。這則故事在古代是用來描述冥界的煎熬實況。

　　當人們將所有的時間與精力都投注在明知不可為而為之的事情上，便會導致如同薛西弗斯的懲罰般的生活模式。「奮力對抗現實」這件事就可能為自己製造出地獄般的處境。如同「辯證行為療法」（dialectical behavior therapy，簡稱DBT）的創始人瑪莎・林納涵（Marsha Linehan）所言：「接納，是唯一走出地獄的途徑。」（Linehan 2014, 461）薛西弗斯已經被判定執行這項永恆的處罰，但是我們卻擁有可以認清行為模式的能力，並能夠做出改變。

我曾經在哪裡見過有人如同薛西弗斯所陷入的情境一般，同樣被卡在某個行為模式中？

....

....

....

這種無休無止的重複行為對他們有何影響？

....

....

....

假如他們脫離這種行為模式，會將自己的時間與精力用在其他哪些地方？

....

....

....

....

我會期待他們能夠過著哪一種生活？

....
....
....
....
....

假如我是他們的話，我會想要怎麼做？

....
....
....
....
....

順應自然理法的生活

　　馬可・奧理略在《沉思錄》（卷2第17節）中，鞭辟入裡地陳述了何謂順應自然之道的生活：

人類生命彈指即逝，肉身時時衰變，感知力如同井底之蛙，肉體終歸腐朽，思緒變化多端，運勢難以捉摸，名聲也缺乏鑑定。歸根究柢而言，肉身的存在恍如流淌的河水，思維理路似夢如煙，而人生是一場陌生之地上的戰鬥，聲譽在死後則化為烏有。於是，要依靠什麼來指引我們前行？唯有哲學而已。哲學意味著維持內在和諧；抵抗外在壓力；有意識地容納痛苦與快樂；言行發乎本心；自立自強，不仰賴他人；將生活中的酸甜苦辣、喜怒哀樂都視為此生必經之路；誠懇面對死亡，因為死亡只是肉身組成的消解而已。假使變遷不輟的大自然並無因此受害，那麼，我們為何對自身的轉變與消亡感到恐懼？道法自然，沒有任何自然的事物可以被視為罪愆。

　　斯多噶學派始終認為宇宙存在著理性的秩序，他們經常稱此為「自然理法」（Nature）或「邏各斯」（Logos）。為了能夠順應自然之道來生活，斯多噶先賢深信我們的想法、行動與慾望，應當與這個理性秩序協調一致。這涉及了認明與接納種種事件的自然進程，我們有限的生命亦包括在內，而不要與之對抗或感到懊惱。我們可以運用心理韌性而非心懷恐懼，來回應自然理法的運行。

　　依循自然之道俯仰生息，必須讓生活合乎理性，並且能夠運用我們的理智稟賦，來引導行動與選擇。雖然我們可能在種種面向上與動物無異，但是劃分人獸之別的主要特徵，卻是理性思考能力的有無。

　　所以，當狗兒感到威脅時，可能會本能地出聲吠叫或上前攻擊，但我們卻不會（或不應）對上司或配偶做出如此的反應。因為這樣的行為違背了人類固有的理智判斷的秉性。我們有能力先停下腳步，然後計算風險，不會一味陷在過度翻湧的情緒中；我們也能夠先存而不論，檢視一開始所獲得的事件印象，然後再反應。我們也可以表現出如同馬可・奧理略所描

述的舉措：「假使是外在因素引發你的苦惱，你之所以受苦並非起因於事件本身，而是你對該事件的評判所致。然而，這樣的評判卻可以隨時改變，這完全在你的掌控之內。」（《沉思錄》卷8第47節）

幾乎每個運用「十二步驟項目」（Twelve-step program）的戒癮團體，都會在聚會時使用「寧靜禱文」（Serenity Prayer），其中意旨可說異曲同工：「上帝，請賜予我安詳的力量，去接納我所無法改變的事物；也賜予我勇氣，去改變我力所能及的事物；並賜予我智慧，能夠去分辨事物可否改變的差異」。

假使我們針對無法改變的事物展開戰鬥，便會讓生活混亂至極。假使我們選擇不去接受某個問題情境的現實面，這不僅僅於事無補，只會使我們的感受更惡化。這會擾亂情緒，促使我們想方設法不願面對真正的情緒，而不是主動去為自己的感受尋找解方。然而，我們實在太常尋求應急的替代手段，而非妥善地處理，因為那是事發當下比較容易上手的出路。然而，這並不會讓生活更順遂。只要我們清醒過來，現實就在眼前虎視眈眈。我們愈是拒絕面對現實，就愈會尋找替代辦法。假如我們坦然接納現實與可能隨之而來的困境，便能讓生活的方向感維持不墜。

如同哲學家波瑞斯森尼斯的畢翁（Bion of Borysthenes）所描述：「如果你從蛇身中央試圖去抓蛇，肯定遭到蛇吻。不過，如果你按壓住蛇頭來抓，就不會被咬了。」（引自邁加拉的德勒斯〔Teles of Megara〕，〈論自給自足〉〔On Self-Sufficiency〕）接納令人難受的事物，這些負面事物便會喪失控制你的力道。順應自然之道的生活，也是「接納與承諾療法」及認知行為療法兩者的理論基礎。這兩個療法皆旨在鼓勵人們接受自己的情緒，不要直接否認或感到羞恥。

命運之愛

「amor fati」是斯多噶先哲經常使用的拉丁文短語，意味著「熱愛你的命運」，或比較現代的譯法是「擁抱你的命運」。

擁抱我們的命運並非指稱某種消極的態度，恰恰相反，其中寓意其實相當積極。接納命運，而非抗拒命運，可以讓我們在隨同命運的腳步前進時，獲得更多的訊息。這個拉丁短語所蘊含的智慧，可以與搖滾團體「克羅斯比、史提爾斯與納許」（Crosby, Stills, and Nash）早年一首老歌所吐露的真諦相提並論。他們那首歌曲講述著我們可能無緣與渴慕的對象相守一生，卻能夠真心關愛此刻相伴的人兒。儘管我們的命運可能並非所選定的人生，這卻是我們實際上擁有的人生，而且一旦結束也無法重新再來一遍。所以，我們該怎麼辦？難道要因為並非我們所願而懷抱苦澀的怨懟直至終了嗎？或者，我們可以擁抱命運，並盡力充分利用眼下的人生？

斯多噶哲學家克律西波斯（Chrysippus）與芝諾皆對以下這個類比深表贊同，從這個比喻也誕生了有關「接納」課題最著名的古老故事之一：「被拴在貨車邊上的狗兒，必須跟著車子移動，因為狗兒別無選擇，即便牠並不知道要被帶往何方或原因為何，都只能跟著走。儘管狗兒可能不願意跟隨車子的方向移動而企圖逃開，但是最終還是無能為力，只能隨著貨車的方向前進。」（希坡律陀〔Hippolytus〕《駁斥一切異端》〔*Refutation of All Heresies*〕卷1第21章）這個故事的寓意為何？——「若不放手，只能任憑擺布」。

同樣的道理，我們也被束縛在自己的命運進程中，而我們必須接納所有的遭遇，甚至當內心並不喜歡或無法了解的境遇，也要全盤接受。如此一來，我們便能將重心放在自己能掌控的事物上，而接下來所從事的一

切，都會決定我們的未來。假使「amor fati」意味著熱愛命運，那麼，我們就需要採納一種「長時距」的觀點來通覽自身。

下回當我們感覺自己由於命途多舛，彷彿將被絕望吞噬之際，可以提醒自己記得要「amor fati」。我們接納命運，並非意味著終局已然到來，反而能夠擁有一個嶄新的開端。接納的態度可以讓我們從所遭遇的事件中汲取力量，從而得以充電，有助於從困境中覓得意義與目的。換句話說，這也是了解自己的另一種方法。

全然的接納

辯證行為療法的核心教導之一即是「全然的接納」概念。當我們遭遇到似乎難以容忍或不可接受的處境時，情緒反應可能若非想要氣憤地反擊，不然就是因為感到無望而抽身退避。然而，全方位的接納則是鍛鍊我們對苦惱的耐受力的關鍵技巧。

對於問題情境來說，這個概念認為我們在短期內的所言所行，並不會惡化事態的長期發展。這經常意味著著我們要發乎內心，強勢地使自己的思考系統去接受現實的原貌。我們並不需要始終如此強迫自己，但是假使想要超越事件帶來的影響，首要之務卻是去接納已經發生的一切。這種深度而有意識的接納，便稱為「全然的接納」。

「機會成本」（opportunity cost）是一個經濟學的術語，簡單而言是指稱假使我們選擇了某一事物，就放棄了其他事物。所以，我們每做出一個選擇，就付出了喪失其他機會的代價。耗費在不願接受現實的時間，就會付出你原本可以轉而使用在真心關切事物上的時間與精力的機會成本。如同塞內卡所指出：「當我們等待人生，人生便忽忽而過。」（《塞內卡書信集》第1封書簡〈論節省時間〉〔On Saving Time〕）

我有多少的時間與精力是花在不願接受現實上？

....
....
....

由於我的頑固，我因此錯過了什麼機會？

....
....
....

我原本可以將那些時間與精力用在什麼事情上？

....
....
....

　　現實並不會等待我們點頭接受才出現在眼前。全盤接納現實的一切，只是意味著我們會依據現實原則來行事，不會抗拒現實的原貌。美軍文化中也有一句標語：「擁抱狗屁倒灶之事」，其中的觀念是，麻煩事有時令人不快，卻無可避免，我們只能硬著頭皮面對，尤其如果想要有所進展的話更是如此。在這些令人難受的處境中，有時你能著手的最明智行動，便是將面臨的困境當作現實來接受，並充分利用現實提供的條件戮力以赴。

我們的確可能一方面強烈厭惡自己的處境，另一方面卻仍然全盤接納所遭遇的一切。假設你剛好要拉開一扇門，但門卻文風不動。直到你抬頭一看，才注意到門板上貼有一張告示，以粗體字寫著──「推」。

「全然的接納」這個行為技巧，正是認清了我們此刻從事的行動根本行不通的事實。你可以固執地拚命拉門，企圖用蠻力使勁拉開，卻可能破壞門框，引發更大的混亂──但是，你也可以改成推門來開門，採取能夠運用的行動來解決難題。這個例子或許過於單純，但是在現實生活中，接納現況卻經常是身處困境中最需要的態度。

假設你在湍急的河流中溺水，而且你不會游泳，那麼根本的解決之道就會是──學習游泳。不過，在溺水的當下，如果某個站在岸邊的人開始對你描述蛙式如何擺動手腳，絕對不會是有效的應對辦法。你在此刻需要的救命法其實是救生浮具。個中的重點是，你在此時設立的目標應該是以安度難關為上，千萬別讓事態雪上加霜：不小心吞入幾口水可能在所難免，但是你的目標應該是盡可能別嗆到太多水，讓自己活下來。當你被沖流到流速較和緩的河水區段時，此刻的目標可能會隨之改變。因為緩慢流淌的水域，也許是學習泳技的理想處所。

假使你曾經參加過遊河觀光行程，你會知道河流的流速經常從快到慢，再轉成快，又回復至慢。我們的目標應當依循河流的現況來加以調整。全然的接納，經常是一個安度生活難關，不會造成事態惡化的有效技巧。

人類的大腦已經演進至相當擅長解決問題，而且在表現上可能也幾近「有點太過傑出」的程度。如同享譽國際的心理學家亞伯拉罕・馬斯洛（Abraham Maslow）所言：「如果你唯一擁有的工具是榔頭，就會傾向於將所遇到的每個難題都看作是釘子。」（Maslow 1966, 15–16）

大腦處理問題的能力如此優異，以至於即使我們根本力有未逮，大腦

還是可能將每個情境都視作企待解決的問題。因此，大腦在面對一個看起來是潛在的難題時，往往會陷入「奮力解決問題」的模式中。另一方面，我們的確有可能會接受某件事的發生，並提出解決辦法，重新努力地投入自己可以掌控的領域，而在事過境遷之後，思考系統大概又會轉回原本不願面對現實的預設值。可是，澈底接納眼前的處境並非一次性的做法。所以我們必須一而再、再而三地將自己的心理（與精神）都灌注在接納現實。那麼，應該如何達到這個要求呢？

為了促進全然接納現實的目的，一個有用的技巧是去背誦某些斯多噶哲人的名言。比方說，當你遇上某些難以掌控的惱人事情時，可以試著念誦底下的句子，讓自己放棄對不可掌控的現實的掙扎：

「無論我們無法控制的事情是什麼，都沒有關係。告訴我要點即可。那些事情對我都不值一提。」（愛比克泰德《語錄》卷3第16章）

你在心中如何默念這一段話的方式（或是大聲說出），事關重大。你可以自己多試幾次，以便了解各種不同的念誦方式所產生的相異效果。因為在表達重要的細微差別意義上，文字會有所局限。

接納難以接納之事

有關「全然的接納」這項技巧，比較困難的一個面向是我們最需要派上用場的情況，經常是那些最痛苦、最難以接受的事情。一個應用策略是可以試著結合辯證行為療法的原則一起運用。

「辯證法」是指透過並列一項矛盾問題的對立兩面，來處理與整合真相，從而獲得對某一情境更細膩的看法。例如在一個問題情境中，我們可能需要表現得比自己的實際能力更好，雖然我們已經盡可能全力以赴了，但依舊不達要求。這於是創造出一種帶有張力的矛盾狀態。我們可以藉由

同時保有這兩種狀況,來嘗試解決這個矛盾,比如:「我不僅已經盡我所能,而且還需要做得更好」。的確,只要持續不斷地盡其所能,我們的最佳水準只會更上層樓。透過接納所遭遇的實際狀況,便能覓得改善處境的自由。

《全然接受這樣的我》(*Radical Acceptance*)一書的作者塔拉・布萊克寫道:「我們實際所能接受的範圍有多廣,我們的自由就有多大。」(Brach 2004, 44)

心理學家漢克・羅伯(Hank Robb)指出人們會運用的一個策略:人們會依照「是不是由我的錯誤所引發的事件」與「是不是我負有處理事件的責任」兩個判斷標準,來區分所遭遇的問題。一個常見的挑戰是:當我們面對並非出自我們的過錯所產生的紕漏,卻仍然是我們要負起處理的責任。真正令人痛苦的實情是,我們所面臨的處境可能對我們完全不公平。你可能因為並非出自你的選擇,或並非由你引發的某件災禍而受苦,而且經常沒有人對你適時伸出援手。

針對如此的處境,當你運用「全然的接納」技巧時,便是停下來問問自己:「我應該做什麼?」與「我的選項有哪些?」然後,起身行動。

將你所面臨的若干問題,依照「是不是由我的錯誤所造成的結果」與「是不是我負有處理事件的責任」兩個判斷標準來歸類。這個練習的目標並非揪出罪魁禍首,而是讓我們明白應該聚焦在什麼項目上,並懂得放下執著。

問題並非由我的過錯所造成， 我也不負有解決的責任	問題並非由我的過錯所造成， 但我負有解決的責任
問題是我的過錯所造成， 但我不負有解決的責任	問題是我的過錯所造成， 而且我負有解決的責任

我需要將努力的重心放在哪裡？

....

....

....

....

我需要放開什麼執著？

....
....
....
....

　　有關接納現實的另一個做法，是對於讓你左右為難的問題，在心中同時保有問題所涉及的對立兩面。我們一方面可以從容地認可自我，明瞭自己的苦惱其來有自，但同時將重心放在接納現實的需要上。舉例而言，以下的說法都稱得上合宜：

　　這並非我的失誤所造成的紕漏，但同時我依然負起解決問題的責任。

　　發生這樣的事情真不公平，但同時這卻是事情的實況。

　　我真痛恨遇上這樣的事，但同時遇上了就是遇上了。

　　如果每個人都做了分內該做的事情，就完全不會發生這樣的問題了，但同時被分到了什麼牌，我也只得打什麼牌了。

　　我好擔心事情接下來會出現的情況，但同時我盡我所能去做，雖然結果如何並非我能控制，但我仍然盡力去做。

　　請試著造出幾個句子，將「你難以接受的理由」與「你不得不接受的現實」兩種類別的陳述連結起來。使用短語「但同時」來銜接這兩種陳述，是同時保有標的事件對立兩面的做法。你可以在網站http://www.newharbinger.com/52663下載右頁這個練習的副本檔案。

兩邊的陳述皆符合實情		
這個問題為何難以接受	但同時	我必須接受的現實面
範例：他們的所作所為全都錯得離譜。	但同時	我無法改變已經發生的事情。

在實施「全然的接納」的技巧時，要小心別掉入那種「無可奈何」的心態陷阱。我們的目標並非過著麻木不仁的生活，而是要澈底地接納你無法改變的人事物，以便安度生活的風暴，不讓困境雪上加霜。如此一來，便能將你的努力與精力都投入在由你珍視的價值所導引的有意義人生。假使你可以放下執著，接納你無法掌控的事物，那麼你將會有源源不絕的時間與精力可用於建立一個值得活上數十載的人生。

本章重點

- 當你對事情的期待升高至「強求」的程度，可能會使你的苦惱加劇，解決問題的效率降低，並且與朝氣蓬勃的生活分道揚鑣。
- 「強求」的心態涉及到頑固地認為世界應該與實際面貌截然不同。
- 「amor fati」（擁抱命運）是指認清我們的人生是一個不斷流動的過程，而成長茁壯則意味著專注在一個接一個迎面而來的事件。
- 「全然的接納」是與你所無法掌控的事物展開搏鬥的核心策略。
- 接納現實，並非是向現實低頭。

6 容忍不安與降低痛苦

我們的痛苦多是自己內心的產物,而非存在於現實中。

——塞內卡《塞內卡道德書簡》(*Moral Epistles*)第13封書簡〈論無端的恐懼〉(On Groundless Fears)第4節

避開壓力情境的最簡單又最有效的手段，顯而易見是直接抽身離開。然而，克服焦慮的最簡單又最有效的策略，卻是讓你自己臣服在同樣那些壓力情境下。當我們為了躲避不安的情緒而選擇了屏蔽感受，雖然可以因此享受短暫的自由時光，但所帶來的惡果卻是不再能夠掌控自己的生活，並從根本上讓位給恐懼來為我們的反應做決定。

　　待人處事上即便高度敦厚良善，也永遠不能保證讓你澈底免除那些猝不及防的壓力或甚至悲劇事件的侵擾。當不幸迎面襲來，我們會立即面臨一個必須抉擇的問題：

　　是要去忍受，因為一時逃避而產生的負面效應？抑或要為一生著想，明智地運用智慧去應對困境？

小加圖：抗壓訓練與為所當為

　　在柏拉圖的《理想國》（Republic）一書中，蘇格拉底篤定地認為，真正明智的個體會明瞭，如果過度抱怨自己所面對的苦惱不幸，不會帶來任何好處；因為，「在心底一直琢磨那些怨懟，完全有害無益」。

　　羅馬的政治家與演說家小加圖（Cato the Younger），同樣崇尚自我紀律與培養韌性等原則，並深受克里安西斯（Cleanthes）的思想影響，從而力行簡樸生活、重視廉正無私；而且，他也將生死置之度外，起身反抗尤利烏斯・凱撒（Julius Caesar）的崛起與專政。小加圖本人擁有一個遠近馳名的特點：他為了追求美德與自律，甘之如飴地接受「抗壓訓練」。當時的傳記作家與柏拉圖主義追隨者蒲魯塔克（Plutarch）便曾經記載：小加圖為了培養對抗痛苦的忍耐力與強韌度，在每日活動期間都頭戴厚重的頭盔，甚至身穿沉甸甸的全副盔甲，以此來訓練自我。他會主動穿戴這一身悶熱、笨重的裝束，去進行長途步行與體能操練，目的正是為了強化他在

身心兩方面的抗壓力。

小加圖如此自主厲行抗壓鍛鍊，並非為了博得名聲。他對一個觀點堅信不疑：我們從訓練中所獲得的力量，不只是練就出承受壓力的能耐而已，還會獲得其他好處。在他的生涯中，雖然已經多次證明了這一點，但是唯有在對抗凱撒的戰鬥即將到來前，他被催促去尋求神諭，藉以預測戰事吉凶時，才真正彰顯出他那個觀點的力道。他求神問卜毫不考慮，原因是對他來說那並非重點所在。即使預言他將會一敗塗地，他也不會臨陣脫逃，因為，起身對抗專制統治是「為所當為」之事。

小加圖留給我們的不朽精神遺產，不只是奠基在他的軍事與政治生涯的偉績而已，還包括他堅定奉行義理與廉正所樹立的典範。正是如此不可動搖的剛毅骨氣，使他拒絕向痛苦低頭，他於是成為大多數人迄今所緬懷的楷模。他的人生旅程與行事風格，堪稱與諸如塞內卡、愛比克泰德、馬可‧奧理略等後起的斯多噶哲學家相互輝映。經常被後人稱為斯多噶美德典型代表的小加圖，以自身的行動闡揚斯多噶哲學遵循自然理法與理性思考的生活概念。他的正直廉明、自制力與願意迎向挑戰的勇氣，在在與斯多噶講求培養美德與明智回應逆境等教導的意義毫無二致。

凱撒的軍隊最終擊敗了元老院（Senate）的人馬。新登基的皇帝願意赦免那些先前反抗他的政治敵手，但條件是必須承認他的權威地位。小加圖由於不僅奉行斯多噶原則，而且也矢志堅守自己所珍視的價值，這使得他完全無法苟同如此的不公不義。所以他並沒有認可尤利烏斯‧凱撒的獨裁政權的統治合法性，他由此選擇了慷慨赴死，而非專制政體。他的剛正不阿，使他成為斯多噶傳統中的標竿人物。他的行事風格與個性特點也啟發了之後的斯多噶哲學家，每當要舉出斯多噶倫理與美德的典範代表時，小加圖的名號便躍入眼簾。

命運之手掌控著我們，

上天要求我們嚴肅思考。

現在不是談論枝節瑣事的時機，

而是談論鎖鍊或征服，自由或死亡。

——約瑟夫・艾迪生（Joseph Addison）

《加圖，一部悲劇》（*Cato, a Tragedy*; 1713）第2幕第4場

在美國獨立革命發生之前，曾經上演一齣名為《加圖，一部悲劇》的舞台劇。這部劇作描述了小加圖一生的最後時刻。反抗專制暴政的敘事基調在當時頗受歡迎，小加圖因此也成為喬治・華盛頓欽佩的榜樣典型；他在獨立戰爭期間，曾經在福吉谷（Valley Forge）營地請人演出這部戲劇。

出自美國革命時期的若干膾炙人口的名言，大概都是擷取自這齣戲的對白，比方說派翠克・亨利（Patrick Henry）的「不自由，毋寧死」，以及內森・黑爾（Nathan Hale）的「我唯一的遺憾便是僅有一條命可以獻給我的國家」。小加圖大義凜然、勇於承擔的名聲，始終迴響在歷史的長廊中。

為何我們應該如同小加圖一般，無論痛苦有多大，都要以「為所當為」當作第一優先事項？這是因為「為所當為」經常伴隨恐懼與痛苦的感受，而除去這層障礙之後，就能擺脫命運的作弄，並從這個世界所強加的外在條件束縛中解放出來。正如同許多備受敬重的斯多噶先哲皆效法這位表率人物一般，我們衷心期盼所有人同樣能夠見賢思齊。本章的重點即是希望增加你容忍痛苦的能力，以便讓你自此以後都能致力在美好的生活上。

莫索尼烏斯・魯弗斯與實作體驗的重要性

位列古羅馬四大斯多噶先賢之一的莫索尼烏斯・魯弗斯特別強調，在學習如同斯多噶人般過生活時，身體力行的重要性。這個重點明顯與主要透過智識上的研讀來學習斯多噶哲學的法門，形成鮮明對比；更與那種純粹進行知識研究的做法大相逕庭。

魯弗斯提出若干比喻來支持他的論點，比如其中之一便是在學習演奏樂器時，經由熟讀書本而非直接費時練習的樂手，對技巧的領會所產生的差別。而這個講求身心兩方面的鍛鍊實務，直接關涉到我們對於苦惱的容忍度。

斯多噶哲學的核心要義為：即便是險惡逆境，也藏有成長茁壯的機會。假使我們有意識地訓練自己，去從事艱難（但並不危險）的活動，便能培養出容忍苦惱的「肌耐力」。

我們可以思考一下冬日游泳的做法。雖然歷史上並未記載斯多噶古人是否會全身浸泡冷水、做冰浴、洗冷水澡，但是今日許多斯多噶人卻會實施這項訓練，藉以建立心理的耐受力。儘管這並不必然是斯多噶哲學的構成要素，但值得一提的是，當我們暴露在寒冷中，會刺激身體對外在壓力做出自然反應，從而分泌出諸如腎上腺素、正腎上腺素（noradrenaline）與內啡肽（endorphin）等荷爾蒙。

當我們的身體剛浸入池水或海水中，也會出現同樣的反應：我們一開始會備受衝擊，但是當浸泡在冰冷水中的時間愈久，我們就會愈來愈適應。這便是面對壓力情境時會產生的效應。只要感到壓力，就會引發反應。但是如果我們願意堅持下去、咬牙挺進，起初那種劇烈刺激的感受便會逐漸消退，使我們能夠在冰寒中游起泳來，而不會落荒而逃。

在現代的軍隊文化中，有一句格言如此說道：「像戰鬥一樣訓練；像

訓練一樣戰鬥。」假使我們想要可以容忍來自生活現實中的苦惱，斯多噶的智慧會建議我們，需要多讓自己去經受種種這類的壓力測試，就能增強自己的耐受力。

培養苦惱的耐受力

　　學習容忍痛苦不適的最佳辦法，便是勤加實作，包括願意身處在種種的痛苦體驗中。執行這樣練習的重點是為了磨練我們的心志。假使我們將生活中的愁苦與不安都視為訓練自己強化耐受力的機會，而非難以忍受的苦難，如此一來成效就會更大。痛苦的型態愈是變化多端，學習的廣度也就愈大。明確地將你的實作分門別類會很有助益，例如分成身體、情緒與認知等三大領域。確認你有哪些實作項目可以成為每日或每週的必做之事，同樣也對你很有幫助。可以考慮將底下列出的某些容忍痛苦的練習項目，納進你的實作清單中。

身體方面

- 沖冷水澡。
- 定期不吃某個喜歡的食物，或喝咖啡不加糖。
- 承諾改走樓梯，不搭電梯。
- 把車子停在離目的地幾個街區遠的地方，以便讓你不得不走路。
- 練習棒式或其他的體能強化動作。
- 在手中握住一個冰塊。

情緒方面

- 看一部會引發不安情緒的電影。
- 讀一篇讓人不自在的新聞報導故事。
- 進行一段重要但令人難受的交談。
- 停下你正在進行的事情,然後無論你在當下有何感受,都與這樣的情緒相伴片刻。
- 去追想某個你真的想要擁有、卻可能永遠都無法獲得的事物。然後給自己規定一段時間,這段時間內必須與這個回想起來的事物靜坐相伴。

認知方面

- 投入在一個你不喜歡,而且思考上費勁的活動(比如,燒腦的猜謎遊戲)。
- 去學習某個對你來說並不容易的主題知識。
- 回想一個讓你感到氣憤或哀傷的記憶。然後假裝經由一面「無動於衷」的透鏡來仔細地冷眼觀察。比方說,你可以告訴自己:「我雖然沒辦法改變過去,但我也不會讓這件事影響我的現在與未來」;或者「那件事就是那個樣子,不會成為我發展上的阻礙」。
- 指認出那些你或許長久以來一直不滿意的生活中的事情。不要被這些事情壓倒,你可以一次一件地來審視這些惱人的事件,然後進行客觀分析。有關如何面對這些情境的做法,如果你的好友也遇上的話,你會給予對方什麼建議呢?那麼,也把這樣的忠告獻給自己。

以上所列出的項目僅是示範之用。你可以發想出其他也能入手實作的項目嗎？如果可以的話，請一一列在底下：

....

....

....

....

....

....

....

　　一旦你列出了一個或數個可以實作的練習項目，請具體說明你的實施頻率。比如：

- 每週一次沖冷水澡。
- 不吃某個喜歡的食物一個月。
- 隨機選定所列出的一個實作項目，然後持續做上一週。

從高處俯瞰的心理景觀

許多人一輩子憂心忡忡,卻從不明瞭個中原因為何,這種情況極為類似由不確定因素所引發的恐懼。我們對於某個情境滋生的大部分苦惱,都源自該情境挑動了想像後所產生的效應。然而,只要我們採納「從高處俯瞰」的心理視角,就會有能力盡可能地廓清這個問題情境,讓自己在應對困境時更有自信、更加踏實。

這個「從高處俯瞰」的做法,是一項斯多噶的視覺化技巧,可以協助我們與問題情境拉開某段距離(這也稱之為「拉開認知距離」〔cognitive distancing〕),以便可以對該情境的所有面向一覽無遺。這項心理技巧來自許多古老的啟發來源,其中之一便是神話故事——那些高踞在奧林帕斯山(Mt. Olympus)上的眾神。眾神從這個制高點上,可以細細察看底下的芸芸蒼生。

以比喻的方式來理解的話,當我們高高在上,便能看清一個廣闊視野格局中的萬事萬物,如此一來,便能獲得更透澈的洞察力。從高處俯瞰的視角超然而客觀,可以讓我們對一個情境獲得更充分而全面、不偏不倚的理解。偏見或有危險之虞,是因為在我們必須做出決定時,偏見可能導致不公正或不準確的判斷。可惜我們經常採行這類的心理捷徑,或是直接依賴已有的經驗與信念去推想,從而影響感知與詮釋訊息的方式。

偏見會讓我們無法考慮到所有可以取得的訊息,導致做出的決定可能對自身與他人來說,都不是最大利益。假使想要做出最有自信而適切的最佳決定,就必須能夠全方位考量到夠多的資訊,而這正是「從高處俯瞰」的心理技巧可以帶來的好處。

舉例來說,你同時間被你的摯愛與你的老闆掃地出門!砰!你心如刀割,整個人跌到谷底!你簡直肝腸寸斷(還成為別人的笑柄),如何能夠

期待自己浴火重生？基本上，從你所在之處，我們根本無法看清事態的全貌。聽好，你注意到那一小捆的繩子嗎？纏起來的繩子，大小大約跟你的腳踝差不多寬？看到了嗎？如果你願意的話，請用力踩上去。別擔心⋯⋯但願老天保佑你沒有懼高症⋯⋯

轟！轟轟！

哇啊！看看你來到了什麼地方！居高臨下懸浮在你的情緒深淵的上頭，我敢打賭你現在從那裡往下瞧，可以看到下面有許許多多各式各樣的東西──那個是什麼？你瞧見了可以重新打造自己的機會了嗎？過去已經過去，完全可以重新開始了！所以你也用不著嘀咕：「如果我可以再次從頭來過的話，我就⋯⋯」因為你現在完全就有機會這麼做了！你在想，這樣就能獲得自由了嗎？⋯⋯我的伴侶的老媽，不管怎麼說反正都是個討厭的歐巴桑？!喔！

你正是這樣獲得了「從高處俯瞰」的心理景觀。不，你不是一時腦充血，才讓你擁有這樣輕盈的感受。你只是恰當地選擇了你的「視角」──一個明智的人會採行的視角。下一回當你在某個情境中感到無助，而我們又剛好沒有在你身邊，設下誘惑你踏入的陷阱時，你其實可以自行爬進你的「認知熱氣球」吊籃裡面，然後讓你的這只「大腦熱氣球」升空而去，以便讓你高高在上俯瞰你底下這個由種種外在刺激所建立起來的世界！

你可以拿來紙筆，依照圖三畫出自己的版本。如此一來，你就可以協助自己在感到無助時，獲得從高處俯瞰的心理景觀。大圓圈中的小黑點是指你與你對這個情境的感受、最初的印象及基本假定等等。而在大圓圈之內，除了你之外，則包含這個情境中的其他人、你可能尚未考量到的因素、可能的解決辦法，以及其他只有在全盤考慮的情況下才可以察覺的元素。

這個世界

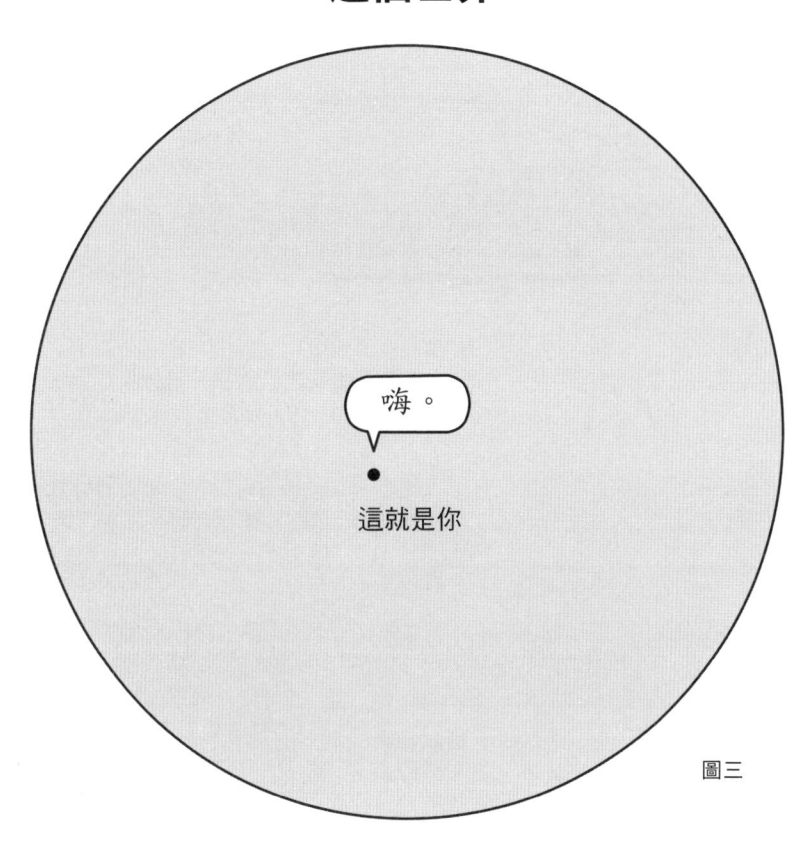

嗨。

● 這就是你

圖三

　　以下將以某個人為例來說明。這位人士相當關切氣候變遷對他所屬社群所造成的衝擊；亦即因為能源的大量使用，導致二氧化碳排放量可能陡升的問題。人們一開始可能對問題所涉及的規模之廣感到沮喪，在面對諸如環境汙染、森林砍伐或氣候變遷等大議題時，也很容易一時之間感到不知所措而一籌莫展。假使我們後退一步，以更大的脈絡來思考此刻正發生的問題，可能會比較容易看清這種種挑戰同時也是創造一個更公平而永續的未來的機會（參見下頁圖四）。

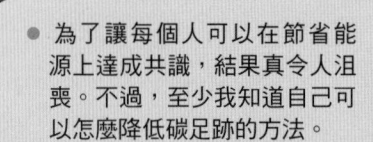

- 為了讓每個人可以在節省能源上達成共識，結果真令人沮喪。不過，至少我知道自己可以怎麼降低碳足跡的方法。

- 嘿，也許那就是問題的一部分。其他人並非毫不關心環境議題，他們只是對於這個論題的訊息了解得不夠多而已。

- 我會撥出一點時間來教導其他人如何節省能源的做法。不過，我就只是一個人而已，這樣真的有幫助嗎？

- 我

- 社會上已經有很多團體在倡導提高能源使用效率的方法！我會去找出一個在地的團體，然後在那裡舉辦工作坊，或進行其他我可以助一臂之力的活動。如此一來，我便能接觸到更多的人，甚至發揮更大的影響力！

哇！這個練習讓我找到解決辦法，並且還給我很多可能性的做法！

圖四

請牢記，斯多噶哲學是誕生自命運的翻轉上。而且我們也務必記得所謂的翻轉命運，首先便是一個觀點的選擇問題。假使芝諾在失去一切之後便萬事俱休，他便無法發現蘇格拉底的智慧，也不會受到啟發，因而建立一個講求自立自強的思想學派，而且還在這麼多個世紀期間，讓如此多的人大受裨益。你絕對可以由黑翻紅，這是你力所能及之事。假使你能停下腳步，全盤考量大局，便能從束手無策轉為胸有成竹、蓄勢待發。如此一來，便踏出了掌控你的命運與人生的第一步。

我們為何厭惡不安

稍早講述的例子是應用「從高處俯瞰」心理技巧的一個做法：可以讓我們從惡劣的處境中，瞥見機會的曙光。不過，這個讓你在日常生活從平面視角切換成從高處俯瞰的景觀，還可以在許多方面提升美好人生的幸福感。比方說，這個技巧可以協助你與令人苦惱的念頭，保持一段對你有益的距離，使你能夠從中解脫，從而平心靜氣地玩味這些執念——使你看出那種種雜念不過就是一些紛飛的思緒罷了。

斯多噶哲人深知那些不安的念頭，會使一個已經令人苦惱的處境益發痛苦。塞內卡寫道：「你是否曾經想過，對於所面臨的難題唉聲嘆氣，反而讓問題看起來更嚴峻？」（《塞內卡道德書簡》第78封書簡第13節）

痛苦與不安確實是生活中固有的成分，任何睿智的斯多噶人皆不會拚命專注在躲避這些痛苦與不安上。對於不盡如人意的感受，斯多噶哲學的看法是，假使我們起身對抗這類的情緒，只會使感受更加惡化而已。例如假設你在情緒上感到痛苦，然後對自己如此快快不樂的狀態心煩意亂，那麼你後來不僅懷有痛苦的情緒，還要再加上對這個痛苦情緒所感到的煩亂不安。所以，要如何容忍種種苦惱的情緒呢？我們可以藉由底下由心理學

家漢克・羅伯（2022）發展出來的練習項目，來思考這個課題。你可以在網站http://www.newharbinger.com/52663下載這個練習的副本檔案。

自在地與不安相伴

寫下你目前所感受到的情緒，而且是那種你會描述為令人不舒服的情緒：

．..

．..

．..

．..

從1至100的評分級等中（1代表毫無苦惱，100代表你迄今所感受過最強烈的苦惱），請為你的這個不舒服情緒評分：................................

接下來，請在心中將這個分數分成以下兩部分：
- 你實際上感受到的情緒
- 你對於這個實際上的情緒所做出的「我不想要這些感受！」的反應

以上兩個部分，哪一個占比較大？..

如果「我不想要這些感受！」的部分比較大，再將這個部分分成以下兩部分：
- 「我只是不想要這些感受。」
- 「我一定不能有這些感受。」

以上兩個部分，哪一個占比較大？..

試著專注在你的那個不舒服的情緒上,一邊告訴自己所遭受的痛苦程度。假使你對自己說,這實在難以忍受,或你已經無法撐下去了,會發生什麼事?

....
....
....
....

試著專注在你的那個不舒服的情緒上,一邊告訴自己可以忍耐的程度。假使你對自己說,儘管這讓人很厭煩,但你可以咬牙忍耐下去,會發生什麼事?

....
....
....
....

你從這個練習項目中學到了什麼?

....
....
....
....

認知行為治療學家已經指認出有兩種類似的認知模式，往往會使不必要的受苦益發惡化：「凡事往壞處想」與「放大負面情況」。「凡事往壞處想」意指預期會發生災難性後果，而「放大負面情況」則意味著總是把事態看得比實際情況更悲慘。

事件啟動 敘述你所發生的一個事件。

....
....
....

信念 在你的腦海中，當時浮現了什麼念頭、憂慮、意象或預測？

....
....
....

結果 那個事件的結果使你感覺如何？又使你做出了什麼反應？

....
....
....
....

有時焦慮念頭會企圖哄騙我們,使我們相信那些運用「凡事往壞處想」的伎倆所編造的話語。這包括了高估壞事發生的可能性,與低估我們應對問題的處理能力。

描述一個即將發生的事件,而且你還因此憂心忡忡。

....

....

最壞的情況可能是什麼?

....

....

最好的情況可能是什麼?

....

....

最可能出現的情況是什麼?

....

....

我們有時會有若干不理性的信念，比如「放大負面情況」即是其中之一。由於這樣的信念與想法使人相信事情會比實際情況還要悽慘，從而使我們承受了不必要的痛苦。而且，這經常會導致無效的行為反應。

假使我的預測果真如實發生，事情真的會很悲慘、很可怕、很難以忍受嗎？

....

....

....

....

我可以試著告訴自己，事情可能很糟，但並不會很可怕或難以忍受嗎？

....

....

....

....

那麼，我對事情的新觀點是什麼？

....

....

....

這個新觀點讓我感覺如何？會讓我想要去做什麼事？

....
....
....
....

這符合我的長期目標與價值嗎？

....
....
....
....

然後，在事情發生之後，回答下列問題：

實際上發生的情況是什麼？

....
....
....
....

我從中學到了什麼?

....
....
....
....
....

認知預演

唐納德・羅伯森（2019）在他的暢銷著作《像羅馬皇帝一樣思考》中指出，斯多噶哲學的思路，會從擔憂式的「如果發生了什麼事，我會怎麼樣？」問句，轉至心如止水的「那又怎麼樣？」問句。

拉丁文「Premeditatio Malorum」（或稱「認知預演」〔cognitive rehearsal〕）意指預先在心理上排演出未來會發生的事件，設想可能出現的最壞結果。於是我們會如此自問：「要是發生了最壞的情況，我會怎麼樣？」這樣的問題有助於我們去分析所謂「最壞的情況」意味著什麼，那看起來會像是何種狀況，從而理解以長遠來看，那其實真的不用大驚小怪。然而，屈服於焦慮性擔憂的人則會表現出這個認知預演的反轉版本：他們同樣會預想可能發生的最糟情況，卻因為那可能相當恐怖或難以忍受，反而備受折磨。

相較而言，提前去思考最壞結果的斯多噶人，卻會以斯多噶式的心理韌性與沉著冷靜，自在地接納如此的設想。沒錯，壞事可能迎面而來，但是我絕不會因此毀於一旦。這即是這個練習項目的重點。那種惶惶不安的

感受並不會經久不退,除非你在心中反覆琢磨,才比較可能無法自拔。這個過程如同一場時光旅行:你彷彿已經身處事發現場親歷了實況,以至於即使是「最糟的結果」,對你的情緒衝擊也會隨之降低下來。

一如塞內卡所言:「你愈是預先設想,當事情真正到來之際,你就不會那般苦惱。」(《塞內卡道德書簡》第78封書簡〈論心智的療癒力〉〔On the Healing Power of the Mind〕)。

某些人士一直都認為「認知預演」是「負面性設想」,不過那並非如同字面上看起來那般悲觀。事實上,認知預演只是著眼於預知負面結果,卻消解了這個可能的後果所帶來的負面效應。認知預演可以協助我們戰勝,來自逆境的情緒效應所引發的任何自我受限的惡果,並給予我們做決定的勇氣,敢於投入大致上符合我們最大利益的行動。一如拳擊手會對鏡進行空拳練習一般,明智的人也會盡力對災禍未雨綢繆,如此一來,就可以在心理上做好準備,也會更具靈活度。

塞內卡在寫給盧基里烏斯(Lucilius)的信文中,充分闡述了為逆境預先設想的理由(《塞內卡道德書簡》第76封書簡第34至35節):

> 愚人與依賴運氣的人,皆將每個新事件視為全新而出乎意料的挑戰。對於閱歷甚少的人來說,他們所面對的大部分困難都來自於對處境的陌生使然。然而,明智的人卻藉由長時間思索即將到來的艱難狀況,而讓自己熟悉逆境的面貌,由此降低困厄的嚴峻程度。明智的人會承認,所有事情都有發生的可能,但是無論出現什麼情況,他們都能夠自信地說:「我已經了然於心。」

當我們全心為最壞的情況做好準備,結果卻遇上了最好的結果,或說起來甚至也不算多糟的狀況——這就讓塞內卡的名言「最難以忍受的

事情，回憶起來卻最為甘甜」更加真實可信。你可以在網站http://www.newharbinger.com/52663下載底下這個練習項目的副本檔案。

將問題從「如果發生了什麼事，我會怎麼樣？」切換成「那又怎麼樣？」

害怕事情會讓我厭煩難耐，因而拖延一件必須完成的事項是什麼？

....

....

....

為何完成這件事情很重要？

....

....

....

我一想到要做這件事，心中料想到的最壞情況是什麼？

....

....

....

一想到情況會有多糟，或者一想到我實在無法容忍，這會讓我更加惱怒嗎？

....
....
....
....

假使個中的問題是我怕情況太難以忍受，那麼，我可以從斯多噶式的平心靜氣的角度來重新看待這件事嗎？

....
....
....
....

假使個中的問題是我對自己承受痛苦的能力有所懷疑，那麼，我可以透過提醒自己已經擁有的心理韌性來重新看待這個處境嗎？

....
....
....
....

當我告訴自己，事情可能讓人不舒服，但並非不可忍受，如此一來會發生什麼事？

....
....
....
....

牢記你終將一死

你可能不久就會死去。讓你的思想言行皆以這個預想為基礎。
—— 馬可・奧理略《沉思錄》卷2第11節

　　假使你的生命僅僅剩下24小時，你會利用這段時間去做什麼事？你會把時間花在與自己最珍視的人們相伴嗎？你會告訴親友、伴侶與子女，你是如此摯愛他們嗎？這會催促你想要去表達你一直渴望挺身說出的不公不義之事嗎？你甚至會告訴你所迷戀的對象，你長久以來埋藏在心中的感覺嗎？假使明日吉凶未卜，那麼，為何不現在就依照上述種種決定來過上你的人生？

　　拉丁文「Memento Mori」的意思是「牢記你終將一死」。沒有人可以活著離開塵世人間。無論一個人如何有錢有勢，真相卻是所有人都會走上相同的命運。斯多噶先哲深信，我們借自自然，而當我們一命嗚呼，便回歸天地。無可否認的是，所有人都終將一死，而今天也可能是此生的最

後一日──將這一點謹記在心，便可召喚出我們那個深藏愛意與勇氣的自我。這將使我們對當下此刻所包含的一切，益增感激之情。

假使有關死亡的想法給你帶來恐懼或哀傷的感受，請記得，這只是一種情緒而已。我們對於死亡這個概念的價值判斷，正是可以動腦來改變之處。愛比克泰德曾表示：「並非發生的事件擾亂了我們的內心，而是我們對於事件的判斷才導致內心的糾結……例如，死亡並非一個可怕的事件……我們內心升起的恐懼，是由『死亡是可怕之物』這個想法引發而來，並非來自死亡本身。」（《手冊》第5條）假使我們不再將死亡看成是死神逼近的厄運，轉而將死亡視為必將抵達的目的地（這即是死亡本身的意義），便能消解死亡魔障原本的威力。生死無常將我們彼此連結起來，因為終將到來的死亡，是所有人共有的命運。

「牢記你終將一死」這句警語，也能幫助我們為摯愛親人的逝去預先準備。這是當我們不僅會反思自己的死亡，也能思考所愛之人離世的問題時，便會對珍惜生命極有助益的緣故。去想像我們所關切的某個人的亡故可能性，聽起來似乎頗令人反感。不過，這同樣是為了驅除生命終結的「嚴重性」所進行的努力之一。許多其他的哲學流派與宗教派別也都採納了修習生死的論題，比如佛教即是其中之一。

「死隨念」（Maranasati）是佛教一系列的念死修行法門之一，旨在培養對生命的感恩之情，並破除死亡的懼怖感。馬可·奧理略同樣也省思了家人殞命的課題，並同時重溫愛比克泰德的教導，他寫道：「『當你親吻你的孩兒，』愛比克泰德說，與此同時就對自己耳語：『你明日可能死去。』可能有人會認為如此頗觸霉頭，但是『沒有任何字眼是壞預兆，』愛比克泰德說：『那不過是表達了再自然不過的事而已。因為，假使那果真是個壞預兆，那麼收割玉米棒也可以是個惡兆。』」（《沉思錄》卷11第34節）

愛比克泰德提出的觀點，初看並不像是給予為人父母者的理想建議。然而他是在勸告我們應當承認，我們並不知道明日是否依舊如同今日一般一切如常。我們應當每天愛自己的子女，如同這可能是能夠見到他們的最後一日。這即是我們的生存條件，因為死亡恰恰是生命的結局。

有時承認死亡終將來臨、誰也無法倖免於死，會使人產生一種急迫感，會想要盡可能讓自己的生活多采多姿，導致行程緊湊、活動滿檔。然而講求克己的斯多噶生活價值卻堅持，簡單的快樂一如實現「遺願清單」一般重要。我們所設立的目標必須在心理與情緒上符合當下的生活，讓我們可以過著一個由人生目的與美德所導引的生活。如此一來，才能了無遺憾。

死亡是一個合乎常情的事件，我們無法掌控死亡到來與否的問題。而這也契合自然理法之道。假使你感到沉重，可以留意電影《阿比阿弟暢遊鬼門關》（*Bill and Ted's Bogus Journey*）片中來自死神的看法：「無論你可能是個國王或是一名小清道夫，你早晚都會與死神跳舞」。沒有人可以活著離開這場人生歷險記。

放手練習

斯多噶先賢與許多其他哲學家、心靈導師皆倡導「不執著」的處事之道，亦即對於我們無法掌控，或甚至無法從衰亡中挽救出來的人事物，都一一選擇放手。這個做法有助於我們專注在力所能及的事物上，並從思考死亡中覓得平靜與接納之心。

宣揚「十二步驟項目」的療癒互助團體，通常提供的建議是：「放手吧，讓神來」。而禪語也有「若不放手，只能任憑擺布」的哲理警句。無論是否由各路神明、自然理法、宇宙規律或物理法則支配我們的

命運，這個世界都有太多事物超乎我們的掌控之外。任何企圖控制天地之力的宣稱，都只會帶來苦難——假使可以領悟個中道理，便可獲得大智慧。

學習放手，讓自然之道運行自如，正是讓人得以寧靜致遠的訣竅。矛盾的是，最需要放手的事物通常也是我們最緊抓不放的執念迷障。我們最大的煩擾經常是出自那些無法掌控卻直接影響我們的事物。因此能夠放手，便是一個積極性的心理技巧，對許多人而言，這是必須一而再施行的修練法門。我們的心智往往自然而然朝向想要解決那些難以克服的問題前進，然後便陷入其中、備受折磨。所以我們需要一而再地學習，將思考轉向那些我們確實力所能及的問題。

我們可以將這個放手的策略應用在稍早討論過的「牢記你終將一死」的原則上。為了進行這樣的練習，可以從思考親人的問題開始做起。然後提醒自己：無論是親人或是你自己，最終都會衰變或離開人世，因為這是自然理法之道，而你對此毫無掌控力，任何企圖控制的舉措都只會使你受苦。你應該轉而專注在能從容致力的事物上。假使你懂得對人放手，接受每個人都是時間的過客，便能將重心放在追求寧靜的心境，並珍惜當下的每一分每一秒。是的，當那一刻到來之際，肯定會感到悲傷。但是，練習過放手技巧的經驗，將有助於你在落入哀傷時，容納更多的感激之情，而非充斥著抑鬱悲痛。

隨著時間的推移，這個練習項目將幫助你牢記萬事萬物的無常本質，讓你可以放開那些使你受苦的事物。佛教的性靈教師佩瑪・丘卓（Pema Chödrön）有一句經常被提及的名言：「你是天空。其他一切只是霏雨流雲。」這句話語優雅地傳達了放手的理念：對於那些引發傷悲的人生中不可控的面向，我們務必及時鬆手放開。

── 本 章 重 點 ──

- 「從高處俯瞰」是一項斯多噶的心理技巧,可以在你與你所面臨的外在境況之間,拉開一段心理距離。這個技巧的用意是讓你在處理棘手問題時,獲得更有效的觀測視角。
- 無法忍受苦惱,將引發額外的苦惱。
- 假使由於心理苦惱而鬱悶起來,你可能會讓問題情境更加雪上加霜。比方說,你可能因為沮喪的情緒而感到更加消沉。這與提油救火毫無二致。想要走出這樣的困境,唯有擴大你對痛苦的容忍度。
- 在你去面對那些希望躲避的問題時,往往比較能鍛鍊出心理韌性,並從中獲得智慧。
- 「認知預演」是一項斯多噶心理策略,透過在心理上預演即將到來的某個情境,並預想最壞的可能情況,從而提前處理問題。這與陷入無益的擔憂完全不同,因為杞人憂天通常會導致無效的處理方式。而「認知預演」這個練習卻包含設想出更有效的回應對策。
- 年壽有時而盡。當這成為你的主要意念,你對許多事物的觀點便會改變。你往往也會因此對於真正重要之事與如何活出當下的價值,獲得更清楚的認識。

7 從批評到同情：
不加批判的態度

在打算評判他人之前，先問問自己：
我有哪些缺點與這個我行將批評的對象相仿？

——馬可・奧理略《沉思錄》卷10第30節

斯多噶學派的第三號指標人物克律西波斯，在著作《論熱情》（*On Passions*，也譯作《論感情》〔*On Emotions*〕或《論溫情》〔*On Affections*〕）中概述了我們的判斷如何支配情緒反應的方式。由於不正確的判斷會導致失控的情緒反應，因而他的應對策略之一便是透過理性來預先處理這些情緒。

去了解斯多噶哲學對情緒的看法，對我們裨益甚大。你會感受到某些情緒（快樂、悲傷、憤怒），也會對某些事情興起某些感覺（「我覺得自己做什麼都會出錯」，或是「我覺得我做任何事情都不夠好」）。當斯多噶先哲指出，你可以控制感覺的方式，他們所指稱的是後者，亦即他們聚焦在你本身如何詮釋情境的方式。你對某個情境的感受或判斷的角度，會直接影響該情境給你的感覺（情緒），而這又會進一步影響你的行為。因此減少論斷，將讓你踏上通往靜謐安寧之路。

當愛比克泰德表示：「並非所發生的事件擾亂我們的內心，而是我們對於事件的判斷才導致內心的糾結。」他的用意指出我們的判斷會是我們不當受苦的根源。這個觀點可以擴展到我們與他人的互動，甚至是與自己本身的互動上。另一方面，愛比克泰德本人雖然嚴格奉行斯多噶哲學，但不意味著他講求嚴厲的斯多噶主義。事實上，他相當認同同情的智慧。我們可以從他的「兩個提把」思考方式，來看出他的胸懷（《手冊》第43條）：

每一個處境都如同一只有著「兩個提把」的陶甕：一個提把可以讓人提拿起來，另一個則不行。當你的兄弟冤枉你，別抓著那個指出他犯了錯的提把，因為這樣你會沒辦法提起來。你應該轉而抓起另一個提把，亦即提醒你他是你的兄弟、你們關係密切的那個提把。這才是你可以提起來的提把。

本章的重點,是我們要從抓握著那個提不起東西的「判斷的提把」,轉變成懂得懷抱更多同情心,如此一來,你的待人處事就會更有效率。這個方法著重在我們應當從事可以起作用之事。另一方面,明智的斯多噶人也會將「兩個提把」策略應用在自己身上。過度自我批判與過度嚴以律己,經常就是那個無法推動事態的提把。在我們努力要改變自己的行為與表現更好之時,「自我同情」則能夠提拔自己並支持自己。

　　有關維持與自己本身的合宜關係的論題,我們從研讀斯多噶先哲的文本中,可以獲得什麼啟示?自滿、自大與斯多噶哲學毫不相容,這自然不在話下,但是,自我鞭笞的態度也同樣與這門生活哲思互不相干。馬可‧奧理略的《沉思錄》一書,在某個程度上即是他個人的日記,所以我們可以從中習得種種他如何與自身維持良好關係的做法。儘管該書中的自我批判觸目皆是,但是這些批評在本質上卻極有建設性。奧理略告訴自己,他需要再上層樓,但是他以不強求自我與平心靜氣的態度來實現這個目標。他並沒有自責自怨到無地自容,他實際上是讓自己得以重振旗鼓。

　　萊恩‧霍利得在《最難對抗的就是你自己》(*Ego Is the Enemy*)一書中也這麼說道:「與此同時,愛已經瀰漫在那兒。無我、開放、積極、敏感、平和與豐饒,全都同時並存。」(Holiday 2016, 207)

　　承認犯錯是人的本性之一,是善待自己的務實的第一步。如同愛比克泰德提醒我們:「我們不應該因為對於自己盡善盡美與揮灑自如的能力有所懷疑,便放棄勉力追求目標的希望。」(《語錄》卷1第2章第37節)。儘管斯多噶人皆全力以赴去見賢思齊,但我們必須認清,超凡入聖在本質上其實可望而不可即。馬可‧奧理略也論及如何嘗試改善處境的方法:「假使你力所能及,便直接展開行動,切勿關心是否有人留意你的努力。別期待自己必將獲得如同柏拉圖《理想國》那般的曠世成就。相反地,即便是最不值一提的進展,也要感到滿足,並認可其中所含有的重要意

義。」(《沉思錄》卷9第29節)

發展心理學有一個關於不同教養型態的概念。人們通常會有一種錯誤的二分法，將父母養育子女的方式分成「寬容式教養」(和善溫暖而散漫)與「專斷式教養」(一板一眼而嚴厲)。事實上，還有第三種型態，亦即「權威式教養」(關懷備至但堅定)，而這往往可以取得最佳的教養成果。來自斯多噶的智慧便建議，這種全心支持但紀律分明的關係形式，也是我們與自己之間需要建立的關係。

同情的做法恰當嗎？

在接近二十世紀末時，一場「自尊運動」在兒童發展研究與大眾心理學的領域中，如火如荼地展開。運動倡導者的核心理念是你可以從關注自己的正面特質，來克服自卑感，而自我價值感的提升，則可以促成一系列的正面成果。針對建立自尊的做法引起若干異議，其中論述明確而有力的學者當數心理學家亞伯・艾里斯。他寫道：「假使你由於自己的表現好壞而讚美或貶抑自己，你往往會傾向於以自我為中心，而非以問題解決為取向。於是，你的種種表現水準就容易隨之下降。」(Ellis 2005, 53) 以直言不諱聞名的艾里斯繼續寫道：「自尊是世上男女已知的最大病症，因為自尊含有附帶條件。」事實上，來自科學的研究結果並沒有揭示出，因為幫助個體改善自尊的水平，從而直接促成了許多假定上的正面成績。

「自我同情」已經取代了自尊，成為協助職業人士的重點，因為「自我同情」有助於產生更有利的成果。我們可以透過斯多噶哲學之眼，來思考自我同情的主要理念。今日的斯多噶人暨認知行為治療師唐納德・羅伯森 (2010) 已經詳細指出，正義的美德可以分成兩個部分：「不偏不倚的

公平」與「仁慈的善意」。因此，以「正義」的態度對待自己，便代表著要以公平與善意對待自己。儘管某些人可能認為斯多噶先哲與自身的關係是嚴格而苛求的，但這是一個迷思，而且與向來對斯多噶哲學的成見（低調又隱忍）有關。事實上，斯多噶式的生活並不意味著對自己殘酷或輕視自身。

某些人擔憂自我同情可能會滋生出自滿的態度，因為我們總是需要不停地督促自己，才可能一步步往前進。督促的策略儘管可能短期上有效，但最終還是不起作用；而且，這項策略的副作用會使人淪為精疲力盡的完美主義者。相反地，我們的智慧會要求我們去從事長遠來看的最佳做法，亦即對自己與別人都懷抱同情心。同情之所以有助於提升成就表現，是因為對自己同情以待，可以讓自己符合人的正常作為。於是，原本耗費在嚴厲苛責自己的所有能量，如今就能全部挪用於去進行我們真正關切的事項。自我同情有助於採取符合自身價值的行動。

不偏不倚公平地對待自己與他人

社會心理學家已經指認出那些導致判斷偏差的認知失誤，例如「基本歸因謬誤」（fundamental attribution error）或「行動者—觀察者偏誤」（actor-observer bias）等。儘管存在各種理論表述，但所有說法都有一個共同的主題，亦即作為人類，我們都傾向於根據不充分的資料，去過度概括他人，給別人貼上標籤。雖然每個人的行為都強烈受到情境因素的影響，但我們卻會從「他們的行為即是個人本性的整體展現」的角度來編造故事。這種極端的思考方式往往創造出極端的情緒反應，然後進一步引發極端的行為反應。當我們要求自己過著一個由正義與節制所導引的生活，那麼我們務必學會以更細膩的角度去觀測自己與他人。

去思考心理學中有關「特質」（trait）與「狀態」（state）的劃分，會對釐清問題有所助益。一個人可能處於沮喪的心境（他的「狀態」），但這不必然意味著他一直都是個憂鬱的人（他的「特質」）。對人的評判是常見的認知扭曲的現象，這涉及了以過度概化的性格描述，去為某個人貼上標籤。

我們可以運用兩個重要的策略來逃開這樣的陷阱。第一個策略是，我們可以去判斷當事人的行為，而不是去評判他。人都可能犯錯，但我們並不會因此就是個蠢蛋或壞人。有人可能會不經考慮便貿然行事，但他們不一定就是個輕率魯莽的冒失鬼。在人際互動中去評判行為，有助於我們專注在改善當下的處境。

認知行為療法的另一個重要策略則走得更遠，這涉及了在整體態度上嘗試採納「不加批判」的立場。從這個做法來看，我們會將重心放在問題情境的事實，而不會去在意那些依照我們對事件的詮釋進而加諸於他人的判斷。你可以在網站http://www.newharbinger.com/52663下載底下這個練習的副本檔案。

反思我們的評判

我對自己或某個人做出了什麼評判？

....

....

....

....

這個評判是基於什麼經驗而得出？

....
....
....
....

這些經驗與這個評判代表這個人的生活全貌嗎？

....
....
....
....

有關這個人，我所不知道的資訊有哪些？

....
....
....
....

我對這個人所抱持的期待是合理的嗎？

....
....
....
....
....

我從若干情況中概括出來的印象，有可能描述出這個人的全貌嗎？

....
....
....
....
....

問題情境中的事實有哪些？

....
....
....
....
....

那個評判對我對待這個人產生了什麼影響？

根據我本身的價值，我會想要如何對待這個人？我應該如何看待他這麼輕易便做出了那樣的行為？

是否有比較不帶偏見的方式，可以來重述我的評判？

對原本的評判存疑，並投入以同情為出發點的對話中，無論是在與他人之間或與我們自身之間，都能邁向更寬廣的相互理解與和諧。這個過程擁有很大的潛能，可以為我們帶來深刻的改變。例如發生激烈爭執的兩名同事，可能都同樣緊緊抓住他們各自帶入爭辯的偏見，導致彼此之間毫無交集、無路可退。然而，假使他們投入以同情為出發點的對話中，專注在理解彼此的看法，那麼他們便能將相持不下的爭吵，轉變為相互合作尋求實際上有幫助的解決辦法。

　　透過質疑自己的那些自我批判，我們同樣也能培養出自我同情的態度，提升自我的價值感，並與自身建立一個更正面與健康的關係。如此一來，我們便有能力為自己（同時也為社會）努力尋求具有持續性的改善之道。換句話說，我們會變得更積極主動，充滿為自己與所有人類謀福利的旺盛企圖心。這將使每天起床面對新的一天時，從令人畏懼的例行公事轉變成充滿期待與希望的探險之旅。

1、寫下你給自己貼上的標籤（比如我很沒用、我真蠢、我笨手笨腳等等）。你可以列出幾個你的標籤，但是在進行接下來的練習題時，請每次僅檢驗一個標籤即可。

_____

_____

2、為何你對自己貼上的標籤深信不疑，請寫下你心中最有說服力的論點。切勿語帶保留。所列出的理由請盡可能完整而充分，如果此處空間不夠，可以另找一張紙來書寫。

....
....
....
....
....

3、讀完你所寫下的詳細論點，然後思考以下的問題：

- 有關你覺得自己的行為表現「很沒用」、「真蠢」、「笨手笨腳」等等，就你所列出的其中一個特定標籤來說，你認為你的行為總是如此嗎？就定義來看，比方說如果你認為自己的特質是「愚蠢」，那麼你的行為表現就會是「百分之百」愚蠢。
- 就你的生活的每一個面向來看，你的標籤都準確無誤嗎？或者，僅限於某些面向才是如此？
- 你考慮了那些你無法掌控的因素嗎？因為這些因素可能造就某些情況，而你把這些情況當作是自己具有那個標籤特質的證據。在此回顧一下第2章有關討論控制的二元矛盾的段落，可能會對你釐清問題有所助益。
- 你覺得藉由更動一些措詞的方式，可以讓你原本的看法更細膩嗎？例如：「我做起事情來都笨手笨腳，但並非每一件事情都是這樣，或許大部分事情都不是這樣。」或者「我是有一些我寧願不要的缺點，但我並不是在所有生活面向都有什麼壞毛病。」這樣可以更為準確嗎？

- 你是否可能在對待自己與他人時有所區別？例如，你也會將其他做某些事情表現很好，但做另一些事表現不那麼好的人，同樣貼上「很沒用」的標籤嗎？
- 你往往特別容易注意到，那些暗示你所貼上的標籤是準確無誤的事情嗎？你會輕易就注意到，那些暗示你所貼上的標籤可能是不正確的事情嗎？

4、當你重新檢視，你之所以對自己貼上的標籤深信不疑而寫下的那些論點後，可以推導出什麼合情合理的結論？

_____
_____
_____
_____

分辨意見與事實的不同

　　去分辨主觀感知與客觀事實兩者間的不同，對我們至為關鍵。對每個人來說，從理智上去理解兩者差異可說易如反掌，但是在每天實際的生活中，我們卻輕易就混淆兩者。我們漫不經心便會說出諸如「這部電影糟透了」或「那張沙發一看就想吐」等判斷的話語。就這兩個例子來說，聽起來似乎都講出了有關電影與沙發的某種客觀事實。但是「糟透了」與「一看就想吐」卻並非指稱這些事物的實際特點，而只是表述了我們與這些事物之間喜好與否的關係。我們只要針對更多人去測試，便

能登時頓悟其中的道理。比如，假使有一群人都看過同一部電影，那麼所有人肯定都會同意這部電影「糟透了」嗎？儘管他們有可能全都抱持相同的意見，但誰也無法保證一定如此。相對而言，這同一群人是否同意他們所觀賞的戲劇表演是一部「電影」？他們無疑對此會達成共識，因為這是一項明顯的事實。

你會給予自己或他人負面評價嗎？例如你是否會評斷自己不具魅力、愚昧無知、一無是處，或其他的負面特點？假使你會的話，這些論斷是屬於個人意見，或是客觀事實？假使有一群人在打量你，他們所有人都會同意你是不具魅力、愚昧無知、一無是處嗎？這些標籤聽起來似乎在描述你的本質，但這些評價其實與評論一部電影糟透了一般，只是一些意見表述而已。

再舉另外一個例子來說明：當我們打算買車，必須做出許多選擇，如廠牌與樣式。為了縮小選擇範圍，接下來可能必須考慮油耗效率、內部寬敞度與遭遇事故時的安全性等問題。儘管理想上我們都希望車子在所有面向都表現優異，但比較常見的情況是我們最後不得不做出若干妥協。比方說，一部油耗效率高的汽車可能車體較小、較輕，而這會導致在遇上車禍時，比較容易車毀人亡。相反地，一部外裝結實堅固的汽車，卻可能在油耗效率表現上糟糕透頂。這是僅考量到兩個條件下的例子。

試想我們如果必須在好幾個條件上做出妥協，結果就可能出現有些特點極為出色。有些雖然不盡如人意，但可以接受，而有些則可能被評價為「糟透了」。於是，你現在要如何描繪這部車子的特徵？「極為出色」、「差強人意」或「糟透了」？這些描述沒有一個準確無誤，因為你對車子的個別細部評價都不盡相同。同樣的道理也可以應用在我們自己或他人身上。每個人都各有強項與弱點。於是，想以一個整體性的標籤來概括一個人的個性特色，不可能萬無一失。

「同情的理解」的基礎為何？

　　人類的生物特性限制了我們的選擇，並塑造出我們的經驗。我們不時就會患病，而生病的頻率在某個程度上取決於與生俱來的這個軀體。我們的性格決定了體驗獎賞與威脅的閾值（threshold），可能很低或很高，從而直接影響我們的情感生活。慈悲焦點療法（compassion-focused therapy）的創立者保羅・吉爾伯特（Paul Gilbert, 2009）特別指出我們的大腦設計不良的問題——經由天擇挑選出我們大腦的昔日環境，與我們目前身處的環境，兩者之間差距甚大，從而導致我們現今面臨的種種難題。演化在根本上是從舊有的大腦結構建構出新的大腦結構，情況有點類似演化的「疊疊樂」（Jenga）遊戲，而且當初是為了因應充斥客觀威脅的環境進化而來。假使科學家有機會的話，他們是否還會將大腦設計成目前的模樣，著實令人懷疑。不過也算幸運的是，現代的生活環境並不包含昔日那般的外在危險。

　　生命皆有期限，我們的跑道長度可能比想像中還短。雖然無人知曉自己何時將嚥下最後一口氣，但人類的平均壽命是28,835天。假使你現在40歲，那麼你已經活過了其中的14,610天了。我們是否會順利活到兩萬八千天，只有老天知道。壽命是無法再生的資源。對於你的生物屬性或生命條件，你都毫無發言權，而對於壽命長短，我們同樣無法置喙。總括而言，這些事實都支持許多哲學家與世界上各宗教所獲得的結論：人生道路崎嶇難行。對於面對如此艱困處境的人類來說，我們都應該對自己與他人獻上若干同情心。

培養對自己的同情心

對他人展現慈悲與同情，既然我們已經對此有所了解，那麼，請跟隨以下的視覺化步驟，將如此的同情心擴展至自己身上。請先選定一個安靜的空間，讓你至少有15分鐘不受打擾的時間。讓自己保持一個舒服的姿勢，然後閉上雙眼。

回想一件令人苦惱的事情，你一直以來都因此嚴厲地批判自己。比方說，去想想某個你曾經評斷自己愚笨、差勁、沒用、丟臉，或其他類似評語的事件。完整體驗其中的點點滴滴。觀察自己的身體感覺，那也是這場體驗的一部分。注意自己浮現的所有情緒，試著深刻地體會這些感受。別著急，一切都慢慢來。然後，注意伴隨這場體驗所滋生的思緒。試著去琢磨你的感覺、情緒與念頭，彷彿你正處於糾結掙扎的浪頭，而不是簡單召喚出這些感受而已。

一旦你充分領略了這場體驗，請開始對你自己與你的那些感覺、情緒、念頭，採取同情的立場。輕柔地提醒自己，你並沒有設計出產生這場體驗的大腦結構。並請牢記，你無法全然控制你的生活經驗，而且對於你與生俱來的生命條件，也沒有任何發言權。請使用這個體認，平靜而公平地回應任何迸現腦際的自我批判或論斷。當你擴大你的同情、悲憫來與那些評斷、標籤相隨相伴時，請注視這些在心中流轉來去的負面評語。

接下來，請回想一名你會很想要同情以待的人。然後以你的心靈之眼凝望他，彷彿他就在你的面前一般。讓你富含同情的思緒與情感，緩緩湧上你的意識層面。讓你自己沐浴在慈悲的光暈中。

現在，請再次回想那一件令人苦惱的事情，去體驗其中所包含的身體感覺、情緒、念頭。當你整個沉浸在這場體驗中，便擴展你的意識，去含納片刻之前你所激發出來的慈悲心緒。然後，擴展這個慈悲光環，讓那個

你在心底批評與評斷的人（亦即你自己）完全籠罩其中。

請承認，我們對人事的評定與看法經常只是主觀的評價，而非客觀的事實。如此一來，便能有助於以同情心與同理心來對待他人與自己。我們培養與應用「自我同情」的能力，將能夠重新導引我們的心神精力轉向與自身價值相符的行動。而在打造一個能夠實現自我的滿意人生時，這正是不可或缺的地基。

本章重點

- 來自現代科學的研究指出，努力提升自尊，其實成效不彰，而且有時具有傷害性。而培養「自我同情」才是更有效的引擎，才能使你駛入渴望的人生之路。
- 當你只是取樣了若干行為，便想描繪出某個人的本質全貌，就會有過度概化他人之虞，無論是針對你自己或其他人，都會導致評判的缺失。
- 人們很容易將他們對世界的主觀感知與客觀事實，兩者混為一談。這種傾向將使你陷入無濟於事的對人的評判，並且在做出回應時，比較不會懷抱同情心。
- 為了打破人類以感知代替事實的反應傾向，有意識地依照就事論事的角度，來描述所觀察到的事件，會是一個富有成效的做法。
- 人類的處境充滿挑戰，這便是要對自己與他人懷抱同情心的充分理由。

8 斯多噶式
　　的人際技巧

永遠牢記，你的使命是成為一個有德行之人，並且自始至終通曉天道事理的期待。行事切莫延宕，為人開誠布公，同時心懷善意與謙遜，並篤信通情達理，摒棄虛情假意。

——馬可・奧理略《沉思錄》卷8第5節

萊恩‧霍利得與史帝芬‧漢賽蒙（Stephen Hanselman）在兩人合著的暢銷書《知命不懼》（Lives of the Stoics, 2020）中，針對馬可‧奧理略與尼祿兩位羅馬皇帝，做了一個耐人尋味的比較。儘管這兩人都受教於斯多噶學派的良師，但身為一國之君的他們，在表現上卻天差地別。馬可‧奧理略接受朱尼烏斯‧魯斯提庫斯的諄諄教誨，而魯斯提庫斯則深受上一世代愛比克泰德的思想影響。魯斯提庫斯在教導奧理略時，採行中庸之道，既不會太消極內斂，也不會過於自信獨斷。奧理略之後以哲學家皇帝之名譽滿天下，堅韌不拔地帶領羅馬歷經戰亂與瘟疫的重重考驗，維持帝國於不墜。

至於尼祿，則是一名殘忍專橫的暴君。他的顧問塞內卡，名列最顯要的斯多噶哲學家之一，寫下了收錄124封信的《塞內卡道德書簡：致魯基里烏斯書信集》一書。塞內卡寫道：「我們的痛苦多是自己內心的產物，而非存在於現實中」──這個舉足輕重的概念，精湛地濃縮了斯多噶哲學的真髓。與魯斯提庫斯不同的是，塞內卡後來成為一名言行矛盾的人物；儘管他倡導力行斯多噶式克己生活的重要性，但他本人卻一生盡享奢華安逸。另一方面，他也是一名行事消極的政治顧問，與採行堅持不懈強悍路線的蘇格拉底大相逕庭。眾人皆知蘇格拉底會主動與人攀談，並且會強迫對方與他對話，這使他獲得了「馬蠅」的渾名，因為他似乎老是在人們耳邊嗡嗡作響。蘇格拉底與塞內卡最後都被判處死刑──而塞內卡正是由自己的學生尼祿所賜死。

我們可以從魯斯提庫斯、塞內卡與蘇格拉底三人的不同行事風格中，獲得如下的啟示：我們必須以深思熟慮而務實的態度來運用智慧，並且懂得權衡取捨，讓智慧用其所長。假使太低調消極或太咄咄逼人都無濟於事的話，萊恩‧霍利得建議，那麼就採行中庸之道。於是，他仔細闡釋魯斯提庫斯如何在教導與糾正中取得平衡的做法。只是才智過人，並不足

夠;我們在傳授智慧之見時,還必須圓滑機靈,才會卓有成效。諸如「自我肯定式溝通」(assertive communication)、「恰當的界限」(healthy boundaries)與「人際效能」(interpersonal effectiveness)等現代心理學的概念,也與上述想法異曲同工。本章的焦點正是試圖透過斯多噶哲學的觀點,來達成這些目標。

斯多噶式的人際網絡

斯多噶哲學經常遭受一種誤解,被認為支持高度個人主義,視個體的地位高於社會整體,並對於與共同利益相符的行動概念充耳不聞。然而,實情並非如此。事實上,生物固有的本性——人類尤然——是先關切與認同自身,然後再將這個關切與認同延伸至其他對象。比方說,其他的個體、動物,甚至自然界的種種面向都可能包括在內。而如此的觀點也是斯多噶哲學的基石之一。斯多噶先哲將這個概念稱為「oikeiôsis」,亦即「視為己有」或「親近性」。他們深信,採納這個概念,極有助於我們培養同理心與同情心。

馬可‧奧理略在《沉思錄》一書中,多次提及為大我的共同利益去努力的重要性。他的哲學觀表明了所有個體皆組構成一個人際網絡,例如他指出:「對集體有害之事,也對個體有害。」(《沉思錄》卷6第54節)他以為,為集體利益全力以赴的斯多噶美德,正是正義的目標:「生命稍縱即逝,而生命的果實包含良善的品行,與造福大我的行動。」(《沉思錄》卷6第30節)

蘇格拉底的提問與探詢的形式,以「蘇格拉底反詰法」為世人所知。這種方法是誕生自我們應該努力瞭解世人的想法,因為人人都是集體的一分子。相對於一個僅僅專注在奮力工作,並以致富為最終目標的社會來說

──這正是高度個人主義所倡議的主張──蘇格拉底認為，他的神聖使命便是去觀察其他公民的所作所為，並說服他們相信，一個人的最大幸福其實來自靈魂的喜樂安詳。

另一位斯多噶哲學家希耶羅克勒斯（Hierocles）則描繪了一連串的同心圓，來闡述「oikeiôsis」（親近性）的觀念與人際網絡（參見圖五）。最內部的圓圈代表個體，接下來的圓圈則是親近的家人與朋友。第三個圓圈是指家族與在地群體。第四個圓圈是地區性群體，而最外部的圓圈則指全人類。也就是說，所有人都彼此相連。希耶羅克勒斯以這個模式圖主張我們應當彼此善待，以便支持整體的人際網絡。具體而言，他建議我們應該對待他人比對方應得的待遇再好一點，如此一來，方能達成人群相連相繫的目標。

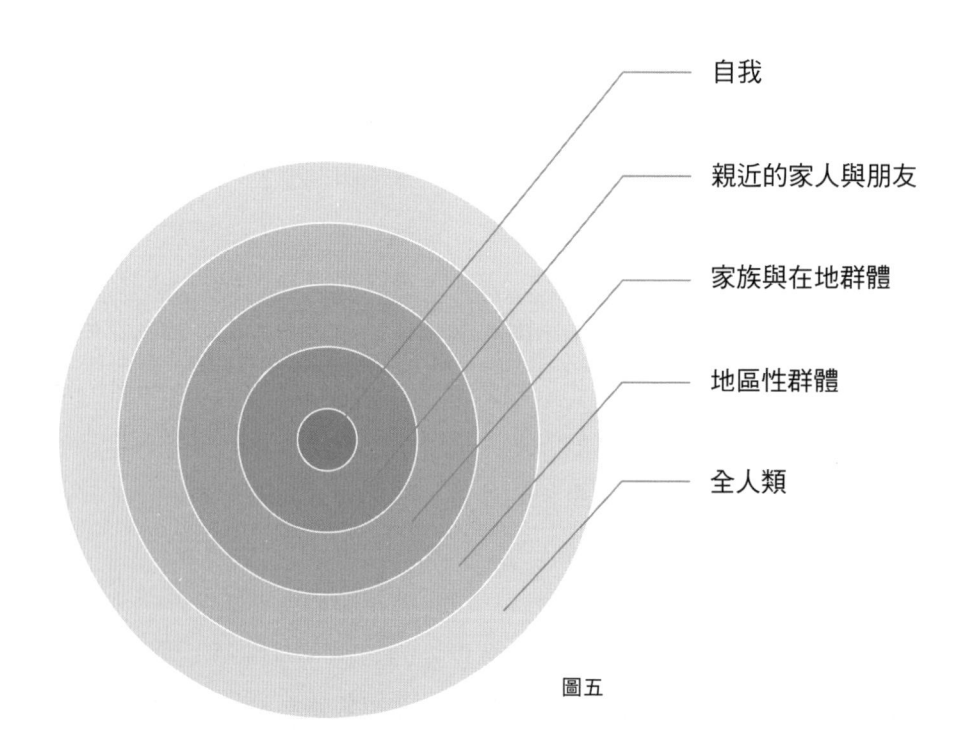

自我
親近的家人與朋友
家族與在地群體
地區性群體
全人類

圖五

斯多噶透過正義的價值，認為我們應當關心世人的福祉。在經典名片《阿比阿弟暢遊鬼門關》中，有句不朽的台詞出色地總結了這一點：主角建議我們「要對待彼此好得不得了」。你希望別人如何對待你，你就如對待別人——如此的「黃金法則」可說是普世價值。過上一個服膺斯多噶哲學的人生，意味著要以符合智慧、正義、勇氣與節制的美德，來與他人相待。

對他人行為的不容忍：
預設在人際網絡圓圈之外的行動，會產生挫敗感

蘇格拉底曾經投身在許多知名的哲學辯論。波魯斯（Polus）受教於詭辯學派（Sophism）的高爾吉亞（Gorgias）門下，他年輕氣盛又雄心萬丈，而他與蘇格拉底之間的唇槍舌戰，正是這些著名的論辯之一。波魯斯的老師高爾吉亞教授修辭學，強調辯才無礙的技藝。於是，波魯斯倡言，每個人都應當努力成為一名如同修辭學家的辭令高手，如此一來才能獲得他人的仰慕，從而獲得許多權力——而且，追求權力也是一個崇高的人生目標。

然而，蘇格拉底反對這樣的見解，並質問這是哪一種「權力」。波魯斯認為，權力涉及了說服他人採取原本不會選擇的行動。這也使得修辭學家與一般人之間產生了差距，這種人際差別，讓修辭學家得以握有權力。但是蘇格拉底相信，真正的權力是存在於能夠維持對內在自我的掌控與平衡。這涵蓋了必須力行自律、崇尚德行，並達到一種自足狀態——亦即行事無須仰賴外在因素。這番說法讓波魯斯既氣惱又沮喪，因為諷刺的是，他無法迫使蘇格拉底接受他的觀點。

當今的認知行為療法中，有一個常見的情境經常被用來說明我們如

何感知情境與如何予以回應,兩者之間的關聯性。設想我們正在開車,然後有人不按牌理出牌、強行超車。我們肯定會自問,要如何回應這個舉動。假如我們去想,或許這個人急著要送家人去醫院,那麼我們的反應可能會充滿同情的理解。提醒自己注意,你並不知道這名駕駛超車的原因,這會有助於你認為這個行徑並非針對你而來,於是你就不會因此生氣。不過,斯多噶哲學家可能會指出,那名駕駛超車的原因根本無關宏旨,因為那並非我們所能掌控之事。那名駕駛確實也可能只是存心不良,但是我們並不希望自己因為這個情況失控,從而導致由失控的身心來支配自己的反應方式。

我們必須不斷重溫的一個關鍵問題是:「應該如何在一個有時不公不義的世界中,過上一個奉行公義的生活?」一如蘇格拉底對波魯斯所說:「遭受不義的對待,遠比做出不義之事好上許多。」(柏拉圖《高爾吉亞篇》〔*Gorgias*〕)面對如此的情境,站在你真正的「權力」之上,意味著站在那些把所有人納入其中的人際網絡圓圈之內。如此一來,你便也同時站在同理心這一邊,可以繼續維持既有的自我掌控、美德與一顆健全之心。

假使你遇上某個人沒有以你希望的方式來對待你,你同樣務必詳細列出在這個問題情境中,可以控制與無法控制的事項為何。你可以透過與對方互動,盡最大的努力來改善處境(比如,誠懇地與對方討論你的感受,並努力領會對方如此對待你的原因)。假使對方對你的關切毫不在意,你就可以從這個情境中抽身而退。然而,如果對方是同事或家人,最佳做法則是持續以明智之士的做人原則來互動,亦即繼續以你所希望受到對待的方式來對待他人。這並非要你對一切逆來順受。因為,你已經表達希望被以禮相待的立場了。

明智的人會不斷思索問題的起因。因為你以理智見長,你自然不會看

重那些行事魯莽者的作為與意見。雖然他們可能蠢話連篇，但你可以決定如何接納的方式。你一開始可以選擇是否相信對方所言，或甚至詳細推敲對方的用意。如此一來，你便可以自行決定如何（與是否）認真以對，這最終會左右你是否因此受到影響。如此的選擇正是你在這個問題情境中可以掌控的部分。馬可・奧理略也談及了這樣的冒犯與選擇：「假使你選擇不被一個可能的傷害所影響，那麼你便不會受到傷害。假使你拒絕承認傷害的存在，那麼你就不會真的受到傷害。」（《沉思錄》卷4第7節）

如果以我的某次互動為例，最讓我感到苦惱的是什麼？

....

....

....

....

在這個問題情境中，有哪些面向是在我的掌控之內？

....

....

....

....

....

....

我與對方關係的脈絡，以及我們之間的層級關係，是否可以讓我改變互動的方式？方法為何？

....
....
....
....

我該如何調整我的期待？

....
....
....
....

我可以如何更清楚地表達，在這個問題情境中我所希望與不希望的互動方式？

....
....
....
....

這個人際關係還可以挽回嗎？

....
....
....
....

對於自己該不該去容忍這個情境，贊成與反對的理由各是什麼？

....
....
....
....

我擁有的選擇是什麼？

....
....
....
....

以「從高處俯瞰」的視角來審視人際關係

在第6章中曾經討論過，斯多噶的「從大局著眼」來觀測事態的策略，可以讓人獲得深刻的洞察力。婚姻諮商的目標之一，便是協助夫妻或伴侶們共同習得這個「從高處俯瞰」的技巧。當雙方願意共同採取這個審視技巧，過程中會產生大量的私人情緒反應，所以並非每個人或每對伴侶都樂意或希望採納如此的制高點視角。在從高處俯瞰的景觀中，我們便能夠看清底細，某些導致彼此口角的緣由，如果從大格局的視野著眼，實際上根本無足輕重。

「從高處俯瞰」（或稱「宇宙視角」）這個技巧的概念的確是斯多噶哲學中不斷出現的主題，而且多位斯多噶哲學家都曾先後對此提出詮釋。從高處俯瞰的心理景觀，可以讓人明白真正的問題所在，從而讓當事人之間可以展開更具建設性的對話。我們同時也能辨明自身的偏好與厭惡之處，進而提醒自己去容忍沒有依照自己所願進行的事情。如此一來，我們便能將精力專注在最緊要的事務上。

你會留下來或轉身離開？

從婚姻諮商專家的觀點來看，當一對伴侶的關係惡化至無以為繼時，結局如果能夠化險為夷，包含有兩種可能性：一種是兩人致力改善關係，直至都滿意彼此相處的方式；另一種則是兩人決定及早懸崖勒馬，各奔東西。而唯一的負面結果是繼續維持無法有效進展的關係。去接納「已經無法改變的事物」，需要智慧與勇氣。在一段關係中，假使我們都以真我示人，那麼所謂無法改變的事物，極可能就是兩人的契合度高低的問題。

許多人都會被迷戀的感覺沖昏頭，以為自己找到真愛。但是，陷入熱戀的人如果在期待某件事，結果對方卻做出了另外一件事，那麼，我們往往會更專注在我們所感覺到的這個「缺陷」，會更吹毛求疵。於是「小毛病」就變成「大問題」，而且會嚴重到完全超乎常情的程度。儘管並非所有缺陷的破壞力都一模一樣，但是有一些缺陷確實是導致關係破裂的決定性因素。

人們通常希望列出這些決定性因素的清單，好讓自己可以知道何時留下或何時離開，藉以避免做決定時的百感交集、無所適從。然而其中的真相卻是你會因為任何理由而離開任何一段情愛關係，這完全取決於你。不過，選擇離開任何一段歷經困難時刻的關係，也許並非明智之舉。

在考量這樣的決定好壞時，我們一般會回到的老生常談是：想要預測未來行為最好的辦法是審視過去的行為。向來性格安逸的人，傾向於不要有所改變。這當然是因為做出決定的時機，永遠不會盡如人意。然而選擇不做決定，依然是做出了某種決定。在我們的人生中，難免有時眼下並沒有一手好牌，所以不得不挑選最不糟糕的選項，或是挑選長期而言對我們來說最好的選項。許多人會留在長遠來看對他們有害的關係中，藉以避免離開伴侶所引發的短期痛苦。相同的是，許多人會在一段關係中且戰且走，想要等待看看兩人關係是否會自行好轉。

然而，人生不過彈指之間，「Memento Mori」（牢記你終將一死）。我們應該去經營良好的伴侶關係，並離開對你不再有好處的兩人生活，如此一來，雙方才能善用屬於各自短暫而珍貴的生命時光。

愛比克泰德的「兩個提把」思考法

　　第7章所討論的「兩個提把」思考法，概述了明智的斯多噶人對於「人際效能」的策略，這個思考方式強調要進行「可以起作用之事」。個中的要點是在任何問題處境中，都有許多解決難題的方法。有一些做法要求當事人必須純熟老練，有一些則可以現學現賣，而情緒性、報復性的反應方式則不可能收到成效。我們務必牢記，斯多噶的正義價值並不涉及懲罰或「私刑正義」，反而倡導的是「不偏不倚的公平」與「仁慈的善意」。

　　我們在設法解決棘手的處境時，必須習得三思而後行的態度，並自問哪一種行動步驟更合於情理。假使不同的人之間可以覓得共同的利益與相宜的往來方式，他們就會有合作的機會。你可以在網站http://www.newharbinger.com/52663下載底下這個練習的副本檔案。

運用「兩個提把」思考法

　　請先回想出一個困難的或讓你苦惱的人際關係處境，然後運用「兩個提把」思考法來解決。

在這個問題情境中發生了什麼事？

....

....

....

....

我一開始的情緒反應是什麼?

....

....

....

可以做什麼事來改善我的處境?

....

....

....

有什麼公平又具善意的事情,我可以去說或去做?

....

....

....

在這個問題情境中,我可以做的最明智舉動是什麼?

....

....

....

有效道歉的竅門

在犯錯後主動認錯,有時可以說是一個最明智的辦法。而且,這確實展現出自律與正義的精神,甚至也需要勇氣。我們當然也必須運用智慧去辨明,是否在實際上真的犯了錯,或者那不過是「過度道歉」的慣性行為模式而已。

聰敏的斯多噶人會在需要道歉時才賠罪。一個恰當的道歉包含若干重要成分。請先回想出一個例子:你有一次欠了某個人一個道歉,然後使用下列的行動架構,來反省你當初可以如何表達與反應。

1、認清道歉是否有正當理由。
2、真誠地說出「對不起」。
3、承認你的錯誤,並負起責任。
4、認可對方的情緒與所遭受的傷害。
5、在適當的情況下,可以透過提供補償或賠償來彌補傷害。
6、表達你不會再犯的決心。

這是由亞莉克希思・亞當—克拉克(Alexis A. Adams-Clark)、楊熙(Xi Yang)、莫妮卡・琳德(Monika N. Lind)、克里斯蒂娜・葛瑪區・馬丁(Christina Gamache Martin)與莫琳・扎萊夫斯基(Maureen Zalewski)共同發展出來的「道歉法則」(《辯證行為療法學報》〔*DBT Bulletin*〕6(1),2002,奧瑞岡大學〔University of Oregon〕)。轉載已獲得作者群許可,並經過若干修改。

如同羅馬皇帝一般設立人際界限

當我們試圖設立人際界限，一開始經常會有罪惡感油然而生。一時之間會忘記原本想要設界限的理由，把自己的情感需求擱置一旁，擔心對方會因此生氣。當我們果真提出劃分人我界限的要求，因而真的引起另一方的反彈，這種內疚感還可能益發擴大。不過重要的是，要牢記自己在設定界限時所提出的那些關鍵理由。我們告訴另一方說：「這正是我需要的做法，可以讓我感到安全、有價值與備受尊重。」我們只要將這些話一字一句說出來，這個要求就會變得更加合情合理。

斯多噶先賢將設立人際界限視為自制力的一部分，而且是維持內在平和的必要條件。記住這個提醒，對我們甚有裨益，尤其當其他人抵制我們劃出邊界的做法時更是如此。當你開始設立私人空間，那些原本從「沒有邊界的你」享有好處的人，可能會大皺眉頭而與你唱反調。他們可能會故意認為你不再支持他們，從而不尊重你的心理界限。這將使你據守邊境的任務益發艱困起來。馬可‧奧理略同樣也會感受到這種壓力。他經常必須提醒自己「去學習岬角的榜樣：岬角承受海浪不斷的衝擊，卻始終屹立不搖，並撫平湧來的騷動波濤。」（《沉思錄》卷4第49節）

對於我們源自自我保護與心理健康而產生的人我界限的要求，其他人會有什麼樣的反應或感受如何，並非我們能掌控之事——而這種種外部因素，正如同四面八方不斷朝我們湧來的浪濤一般。假使我們是一個具有心理靈活度與韌性的人，就可以選擇仍舊將這些人看作好人，認為他們只是不了解我們而已。這無傷大雅，而且如此設想他們，也能讓他們面對我們的新我時從滋生的疑惑感獲益，進而重新反省。不過，他們的誤解以及令你難受的反應，卻會形成一波波拍岸的海濤。在湧浪拍打下，即便我們顛簸跛蹌，仍應穩若泰山不為所動。海岸邊的岬角無法阻止一再來襲的浪

濤，但是岬角卻也沒有因為滔天巨浪而粉身碎骨。

有為者亦若是。大海最終將風平浪靜。

自我肯定式溝通

我們經常見到，有人為了在「太被動」與「太強勢」之間取得平衡而傷透腦筋。然而，「自我肯定」便是一個覓得平衡的法門。謀求自信與自我肯定，涉及了坦然講出真心話，追求你所期望的目標，但同時仍舊保有尊重他人的態度。如同心理學家亞倫‧貝克寫道：「每每大聲咆哮、聲色俱厲的人，並非是力量強大之人；反而是能夠鎮定自若，將對話導引至界定問題、解決問題的人，才是真正的強者。」（Beck 1989）

辯證行為療法的創立者瑪莎‧林納涵，發展出讓個體展現「自我肯定」的一般架構做法（Linehan 2014）。其中的原則包含：如你所見地去描述問題情境、表達該情境給你的感受、提出你希望見到的結果，然後強調這之所以對每個人來說都會是良好結果的原因。我們的智慧將有助於去選擇，最可能達到我們希望的結果的方法，並能維持我們的自尊心。思考底下所講述的米莉安的故事，然後在接續的練習題中，試著為自己應用上述技巧來思考看看。

米莉安對於與丈夫之間如今所形成的習慣，感到悶悶不樂。她想要與丈夫可以更常外出，一起從事增添生活樂趣的活動。她發現自己陷入了怨懟的習性，不時怨東怨西，反而沒有積極點出她對於夫妻關係的期望。個中的問題是他們不再如同以前一般共處兩人時光，而米莉安想念往日的點點滴滴。她希望兩人可以有更多的共同活動，就像一對真正的伴侶一樣。因為她覺得如此一來，他們會更親密。

你認為以下哪一個說法更可能讓米莉安如願以償?

「你再也沒有帶我出門了。你還在意我這個人嗎?」

「我們已經不像過去那樣經常一起出門了,我真的很想念跟你一起度過的那些時光。我希望我們可以重新開始那樣做,因為我覺得那會很有趣,而且對我們兩個人都好。」

請客觀地描述一個你所遇上的問題情境。

....
....
....
....
....

我對這個情境的感受是什麼?

....
....
....
....

我所希望見到的結果是什麼？

這個結果為什麼對所涉及的每個人都很好？

練習說「不」

想要拒絕一個不願配合的要求，有時最巧妙的做法即是不多做解釋，也不另找藉口，直接簡單說「不」。一個常見的人際現象是，我們想要說不，卻不希望惹惱對方，於是我們提出一兩個理由來合理化拒絕對方。然後，對方會試圖化解我們提出的種種理由，於是隨之而來的就是一段不舒服又不愉快的交談。不妨思考一下售貨員企圖讓我們掏錢買東西的情況。假使我們說沒錢、買不起，售貨員可能會開始談及一些周轉資金的理財做法。假使我們說家裡已經有了同樣的商品，他們也許就會努力解釋，眼下的產品更優良的特點。但是假使你堅定又自信地說「我不需要」，效果會更加立竿見影。

對於容易落入取悅他人模式的人來說，學習自信而冷靜地說不，是一項需要勤加練習的技巧。當我們愈常說不，便愈容易脫口而出。

解決人際關係的難題

底下將介紹的「情境效能練習題組」，可以視為本章介紹的心理技巧的濃縮精華。其中的重點是集中在我們所能掌控的因素，藉以提升追求目標的自信能力。首先，在面對一個我們希望盡可能嫻熟應對的情境時，可以詢問自己若干關鍵問題：

- 我可以如何明智地面對當下的情境？
- 我希望從這個情境獲得什麼結果？
- 這個情境有哪些組成因素，是在我的掌控之內？
- 這個情境有哪些組成因素，卻是在我的掌控之外？
- 經過這場人際互動之後，我希望對自己有怎樣的感覺？

- 在這個問題情境中,可能出現我所期待的結果嗎?
- 假使我想要獲得自己希望的結果,同時仍能保有自尊與正直,那麼我必須做什麼事?

你可以在網站http://www.newharbinger.com/52663下載底下這個練習的副本檔案。

情境效能練習題組

最近有哪一次的人際互動經驗,當時並沒有如我所願地進行?

....

....

....

....

在那個問題情境中,發生了什麼事?

....

....

....

....

在那個情境中,有哪些組成因素是在我的掌控之內?

....
....
....
....
....

在那個情境中,我當時期待的結果是什麼?

....
....
....
....
....

我所期待的事情是實際可行的嗎?

....
....
....
....
....

在我所能控制的範圍內，我當時應該做什麼事，才能獲得我所期待的結果？

....
....
....
....
....

從這次的練習中，我學到了可以應用在未來人際互動上的技巧是什麼？

....
....
....
....
....

思考一下底下瑪麗亞的故事，她發覺自己身陷一場與家人的爭執中。

瑪麗亞正值中年，她一直希望自己可以在年節假期期間，撥出一點時間給自己與自己的子女，共同營造出與以往不同的過節新模式。這個想法與她自己的父母有所衝突，因為他們希望瑪麗亞成立的家庭也能繼續參與

既有的家庭傳統。眼看自己的子女日漸長大，瑪麗亞發現自己對人生中這段已然流逝的特別時光感到哀傷。她覺得自己無法如願以償；她要不是繼續滿足自己父母的期待，維持一團和氣，不然就是挑戰他們的期待，導致關係可能從此破裂。瑪麗亞作為一名斯多噶新手，思考著她的可能選項，因為她想要從一個明智的角度來面對這個處境。她於是詢問自己：

- 我可以如何明智地面對當下的情境？
  我需要保持冷靜來面對這個問題。我內心出現的氣憤或怒火，會使我想要以激烈的方式回應，但這將會兩敗俱傷。

- 我希望從這個情境獲得什麼結果？
  我並不希望喪失與我原本的大家庭所建立的特殊關係與傳統。但同時我確實也希望自己能夠撥出時間，與自己的小孩做一些特別的事情。

- 這個情境有哪些組成因素，是在我的掌控之內？
  我可以控制自己所說的話，以及說話的方式。我可以理智地講話，並且把說話的重點放在對彼此都好的理由上。

- 這個情境有哪些組成因素，卻是在我的掌控之外？
  我無法控制爸媽的反應方式，或他們對我有什麼樣的期待。

- 經過這場人際互動之後，我希望對自己有怎樣的感覺？
  我希望能夠感覺自己依然是個好女兒與慈愛的媽媽。

- 在這個問題情境中，可能出現我所期待的結果嗎？

  我沒有把握。我知道自己會以充滿愛意與尊重的方式來與爸媽談論這個問題，但我並不知道自己能否讓他們不要反應過度。不過，我確定存在一些妥協的空間。因為我希望他們開心，而他們也希望我開心。

- 假使我想要獲得自己希望的結果，同時仍能保有自尊與正直，那麼我必須做什麼事？

  我需要以比較細膩的方式來面對這個問題。我不能從對抗的立場來談事情；我不能把問題看成要不是爸媽如其所願，不然就是我達到目的。我在談到大家庭所建立的文化與傳統時，必須充滿敬意與感恩的心情。但我也需要留給自己空間，讓自己可以從容地擔任未來自己建立的大家庭的主導者角色。或許我可以詢問爸媽，他們作為過來人，是怎麼準備好進入這個過程的。他們以前做的一切都是先跟著我的外公、外婆做，然後到了某個時間點才轉變成他們自己做。如果我可以跟爸媽聊聊這段過程，也許我能提高他們對我的處境的同理心，並且我也能透過一種合作的方式來學習他們的經驗。

當我們試圖克服生活中的人際挑戰時，藉由評估我們在一個情境中能否掌控的因素，就可以讓我們專注在提升處理技巧的能力。這有助於我們以明智的態度來待人處事，並且能夠保有個人的價值。

本 章 重 點

- 斯多噶哲學是一個關注他人並參與社會的思想系統。
- 人際關係錯綜複雜，而你可以獲益於各種心理技巧，幫助你更有效地處理人際難題。這些技巧包括可以更有效率地要求你所期待的事物，而且在沒有需要時直接說「不」，清楚地拒絕別人。
- 就人際關係這個問題脈絡來說，將斯多噶哲學有關「控制」的矛盾點（想要掌控不可控之事）謹記在心，便能提升你的人際處理效能。
- 人人皆相結成網、息息相關。斯多噶人在待人接物上，會以符合整個「蜂巢」的最大利益為目標。

9 學習像蘇格拉底一樣思考：
克服雙重無知

儘管你可能尚未成為「蘇格拉底人」，但是，
你可以懷抱成為一名「蘇格拉底人」的願望，鍥而不捨地過生活。

——愛比克泰德《手冊》第51條

蘇格拉底以提問代替簡單講授的教學方法，堪稱是一項典範轉移的里程碑事件，而且也已然歷經時間淬鍊傳承至今。他的一生行旅，使他成為有史以來最受崇敬的哲學家之一，而這趟不凡之旅始於他的好友哲學家凱勒豐（Chaerephon），向德爾斐神廟無所不知的女祭司詢問了「誰是最聰明的人」這個問題之後。女祭司答道：「沒有人比蘇格拉底更聰明。」

不過，蘇格拉底對自己的愚昧知之甚詳，並沒有採信對他的論斷。他著手尋找比他更有才智的人，以證明女祭司所言有誤。然而，他卻發現那些自稱博古通今的人，實際上根本都是蒙昧無知之輩。而且更糟糕的是，他們對自己的無知一無所知。蘇格拉底曾經這麼說道：「智慧是唯一存在的美德，而無知則是唯一的惡習。」（第歐根尼・拉爾修〔Diogenes Laertius〕《哲人言行錄》〔Lives of Eminent Philosophers〕）

儘管蘇格拉底本人並未留下任何書面著作，不過，他的學識遺產經由他的學生柏拉圖與色諾芬（Xenophon）等人的著作傳承下來。例如柏拉圖在《申辯篇》記述了世界史中最常被提及的蘇格拉底受審時的辯詞。諸如愛比克泰德與馬可・奧理略等斯多噶哲學家，也會論及蘇氏的思想。雖然蘇格拉底的在世時期早於斯多噶學派的誕生，不過，他卻被視為斯多噶哲學之祖；而他一生恪守美德的行止，也使他的教導高度契合斯多噶學派的要旨。畢竟，斯多噶美德的精髓即是「智慧」與「講求起而行的智慧」。

本章的重點在於介紹蘇格拉底的思想要義：以追求智慧為目標，並努力克服無知之弊。人們經常會提及偉大科學家愛因斯坦說過的一句話：「當我學得愈多，便愈了解自己根本一無所知。」或者，我們也可以這樣說：「人們並不清楚自己一竅不通。」蘇格拉底將這種「不知道自己一無所知」的弊病，稱為「雙重無知」，他大部分的思考與研究都致力於克服他本身與身邊人的這個痼疾沉痾。

我們習慣性地對自己講述的理由或說詞中，並不總是在反映現實。於是，學習蘇格拉底的思考，便可以讓我們在理智上後退一步，好好仔細審視自身的思考過程、基本假定與行為模式。

我們思考時的「基本假定」為何？

哲學與心理學有一個基本概念是：儘管存在著客觀現實，但我們總是會根據自己的個人史、假定、心情、文化與種種其他因素來詮釋那個現實，從而形塑出我們的體驗。社會心理學已經指出，人們不僅傾向於看到他們期待看見的事物，也往往會以符合自身期待的方式來詮釋他們的感知經驗。再加上由於記憶的內容其實與情緒心境息息相關，這進一步導致我們想要回憶起完整的故事，變得難上加難。正因如此，假如我們任由記憶自行運作，就可能出現記憶自編自導形成的扭曲敘事。

蘇格拉底將本身擁有的智慧，歸因於他清楚意識到自己的無知。甚至當他大限已至，依然努力克服這樣的問題。認真承認並克服自己的盲點，是一個需要持續進行的重要反省過程。為了追隨蘇氏的腳步，第一要務便是去觀察與研究自身的心智思考真貌。學者已經獲得的共識是，有些思考過程是發生在我們的意識之內，而有些思考過程雖然處在我們的意識之外卻有方法可以獲知其中底細。認知行為療法一個重要的初步處理法，即是學習讓心智運轉能降低速度，從而能夠辨識出發生在意識之外、並影響我們感受與言行的認知過程。

以下是一個思考實驗。在進行這個練習時，請先不要上網尋找答案。你可以將這場練習，當作是讓我們有機會去辨明存在自己心中的「基本假定」為何。設想有一個小孩詢問他的爸媽：「狐狸是貓還是狗？」於是爸媽為了回答這個問題，可能需要思考若干其他的問題，例如：

- 狗與貓的差異點有哪些？
- 狐狸的體型是像狗一樣大，或像家貓一樣小？
- 狐狸與狼都可能是狗嗎？
- 如果美洲獅是貓，而狼是狗的話，那麼，狐狸會比較像哪一種？
- 貓會喵喵叫，狗會汪汪叫，那麼狐狸的叫聲聽起來如何？
- 為何狐狸既有貓眼，卻又有狗牙呢？
- 為何有的狐狸可以爬樹？

在面對我們不知道如何回答的問題時，去注意我們的推理模式與嘗試解決問題的方法，就可以了解自己在思考事物時所依賴的「基本假定」為何。於是，假使你是生物學家或動物學家，很可能就會知道狐狸屬於動物界的犬科，這才使得狐狸的模樣看起來像狗。

其中的重點是所有人都有深藏不露的對事物的假定，想要探明這些假定為何，就需要常常注意自己的思考過程。在此以一個不會讓人有情緒負擔的例子來說明。在餐飲界，有一個引發小小爭論的問題是──鳳梨到底應不應該出現在披薩上面？你可能對此不置可否，不過，為了這個練習題，請為自己選擇一個答案。

1、鳳梨應該出現在披薩上面嗎？（是／否）
2、請花點時間更進一步去探索，你做出的選擇是基於什麼理由。
3、那麼，你對於鳳梨是否應該出現在披薩上的理由是什麼？

假使我們對蘇格拉底提問同樣的問題，他的第一個反應可能會反問「披薩為何物？」

他這麼問的原因，可能並非因為披薩對他來說太過陌生。據傳，古希

臘人確實會製作一種稱為「plakous」的薄麵餅，上面會擺放香草、洋蔥、乳酪與大蒜來增添美味。蘇氏的反問，其實可能比較是他的智慧的展現。因為，為了找出有關鳳梨是否應出現在披薩上的答案，我們首先必須探討「披薩」這個概念的定義，才能完整地回答問題。

同樣的情況，也能在以下的問題見到，如：「鄉村歌曲可以使用電吉他當作主奏樂器嗎？」或者「熱狗也算是三明治嗎？」一個有趣的例子是美國的速食餐廳大品牌「塔可鐘」（Taco Bell），試圖在墨西哥展店時所遇上的難題。塔可鐘遭遇到了顧客點餐時感到困惑，因為塔可鐘的菜單與在地真正販售墨西哥夾餅（taco）的餐廳截然不同。而蘇格拉底式的提問法可能會反問：「『墨西哥夾餅』意指為何？」或者，更好的問題是：「所謂的『Crunchwrap Supreme』（超大脆口捲），那是什麼東西？」

以蘇格拉底的方法來進行團體討論

你可以施行蘇格拉底提問技巧的另外一個場合是團體情境。假使你必須面對一群學生授課，或是要帶領一個輔導性團體，便能趁機運用這個方法來發展論題的內容，藉以取代單純的講授。你可以使用底下所列出的提問流程格式，預先練習比如針對披薩上鳳梨的論題所進行的團體討論對話。在團體情境中運用蘇氏的提問策略，施行上可能會要求不同的做法。但是追求智慧與戰勝無知這樣的整體目標，依舊是任務要旨，同時，還要再加上努力促進團體成員的好奇心與參與度。你可以在網站http://www.newharbinger.com/52663 下載下頁這個規則要覽的副本檔案。

快速指南：
如何在進行團體討論時運用蘇格拉底的提問技巧

所謂的「蘇格拉底反詰法」，是把事物先行拆解，然後再以新的方式串結起來的過程。這個過程的重點是與對話的人們一起思考，而非代替他們思考。在團體的格局中，這意味著：1、解析論題（逐步討論所設定的主題內容）；2、針對所談論的內容進行評價；3、擴展論題，納入其他的觀點；4、以更周全的觀點來串結所有的討論內容；5、提出實際可行的策略。

1、解析論題

「我們來想看看，他們剛剛在談論什麼話題？」

「他們的主要論點是什麼？」

「針對他們所討論的事情，有任何實際上可以參考的例子嗎？」

2、針對所談論的內容進行評價

「為什麼那件事很重要？」

「在現實生活中，那看起來會跟什麼事情相像？」

「就你們的經驗來看，他們所言不假嗎？」

「當我們朝向目標努力，這個說法會對我們有幫助嗎？會起什麼樣的作用？」

3、以其他的觀點來擴展論題

「他們有遺漏什麼想法嗎？」

「是否有其他看待這件事情的方式？」

「是否有其他的文化觀點，可以添加到我們的對話中？」

「我們可以添加更多細節,讓事情聽起來更準確嗎?」

4、串結所有的討論內容

「如何來重新講述這個概念,好讓我們剛剛討論的內容全都可以兜在一起?」

5、提出實際可行的策略

「對於這個方案,我們這一週可以試著做看看嗎?怎麼做?」

「蘇格拉底人」與「假蘇格拉底人」

蘇格拉底的某些同時代的人物或許會認同他,雖然他很可能不會苟同。在他所處的時代,出自詭辯學派的人士會經由演講或教學來營利。他們經常教授他人,如何運用邏輯或推論從爭辯中勝出,甚至強詞奪理也在所不惜。蘇格拉底對這一群人深深不以為然,因為他注意到,他們更在意的是金錢而非美德,運用理智往往只是去說他人想聽的話,而非追求真相。這在現代的法律界與政治界中,堪稱顯而易見:因為,人們運用理智只是為了合理化自己的主張,而不是去質疑自身的信念,藉以獲得對真相更佳的理解。如此一來,理智可能只是用來鞏固無知而已。

柏拉圖在《高爾吉亞篇》記述了蘇格拉底與波魯斯的一段對話,兩人討論修辭學(雄辯術)的價值問題。蘇格拉底明確地表達自己的看法,他以為使用理智作為雄辯的工具,這種做法經常只是「針對討人喜歡的說法進行推定,完全沒有考量到最佳說法為何」。換言之,那些人的言論只是聽起來頭頭是道,並非意味著所言為真或恰當。我們學習蘇氏的思考術,並非為了深諳辯論取勝之道,而是為了戰勝無知與追求智慧。

蘇格拉底反詰法

蘇格拉底的這個「反駁論證」（elenchus 或 elenctic）的方法，是指稱對話的兩方透過問答方式，揭示出彼此對於所討論的問題在思考時依賴的基本假定為何。去審視蘇氏原本的對話紀錄，便可輕易觀察到其中的模式。

蘇格拉底一般會先詢問對方有關所討論的概念的定義問題。他會顯露對討論主題的某種疑惑與陌生，於是詢問若干問題，先用來測試眼下的這個定義能夠應用的限度。當探討過概念之後，他接著會使用這個已經界定的概念來檢驗論點的一致性。對話經常結束在可稱之為「aporia」（困惑或莫衷一是）的狀態。因為經過檢驗的那些起初的假定，都被證明在知識上含有某個程度的無知或自滿。

心理師今日將這個對話程序推展得更加複雜；下一章會闡述，一個整合了斯多噶先哲的智慧與現代認知行為療法實務，兩者的思考架構。而我們現在先大致了解蘇格拉底的這個方法的綱要，便已足夠。

在色諾芬的著作《會飲》（*Symposium*）中，有一個展示「蘇格拉底反詰法」的有趣例子：色諾芬描述了蘇格拉底與另一名男子克瑞托弗羅斯（Critobulus），兩人在比較誰更為俊美的問題。眾人皆知，蘇格拉底的樣貌並非古希臘人對於理想男性美的典型代表。他已經開始禿頭，兩眼外凸，還頂著一個朝天鼻。蘇氏展開這場俊美較量，是以詢問對手如何界定「美」的問題開始。

他接著努力擴展美的定義，詢問了諸如「是否僅有人類才可能是美的」等問題。而對於前述問題，他所給出的答案是：包括動物在內，甚至連長矛與盾牌等物件，也都可能稱得上美。蘇格拉底繼續探究這個答案的深意時指出，只要東西的功能精良，也可能是美物。

蘇氏接下來緊緊抓住這個論點來進行推論。他問了眼睛的用途為何，答案是「觀看」。然後他說，他自己像螃蟹眼睛一樣外凸的雙眼，讓他比起對手來說更能明察秋毫。他也注意到，他的朝天鼻並不會阻礙視線，而且張開的鼻孔更容易嗅聞氣味。假使更進一步來說的話，這種種特質肯定是美的徵象。

　　雖然這段對話聽起來如同兩個人為了打發無聊而閒扯，卻以相當容易讓人明白的方式示範了「蘇格拉底反詰法」。為了回答問題，我們首先必須了解，我們究竟在詢問什麼問題。經由《心理治療中的蘇格拉底式提問》（Socratic Questioning for Therapists and Counselors）這本治療師所使用的手冊，可以清楚地知道，扭曲的想法經常奠基在扭曲的定義上。蘇氏在嘗試回答問題之前，總是會先專注在鑽研所涉及的定義，並予以解構。他並沒有為他的方法寫下指導手冊，所以我們只能經由那些古老的對話來重建這個方法的規則。以下是他的典型做法的原則要領：

1、**確認命題**：提問的問題為何？
2、**確認主要的概念**：這個問題所涉及的主要概念為何？
3、**界定概念**：這個主要概念的操作性定義為何？
4、**檢驗概念**：這個定義在應用上有何局限性？
5、**檢驗一致性**：相較於原初的命題，經過精煉後的定義，在表現上如何？

　　為了了解以上的步驟方法，前述那段俊美較量的對話可以作為案例來說明：

1、**確認命題**：提問的問題為何？
　　蘇格拉底與克瑞托弗羅斯兩人，誰比較俊美？

2、**確認主要的概念**：這個問題所涉及的主要概念為何？

「美」的概念。

3、**界定概念**：這個主要概念的操作性定義為何？

最初的定義是，在美感上討人喜歡。

4、**檢驗概念**：這個定義在應用上有何局限性？

美感也能在動物，甚至是人造物品上發現。美感肯定也意味著物件在功能上製作精良。

5、**檢驗一致性**：相較於原初的命題，經過精煉後的定義，在表現上如何？

美感可能並非如同一開始的定義那般狹隘，功能性也可能與美觀同樣重要。

這個較量俊美的例子確實有點傻氣。「蘇格拉底反詰法」假使應用在較為嚴肅的事項上，可以如何展現呢？請參考以下的示範做法。

案例A

1、**確認命題**：提問的問題為何？

我做生意的點子宣告觸礁。我是個失敗者嗎？

2、**確認主要的概念**：這個問題所涉及的主要概念為何？

「失敗者」的概念。

3、**界定概念**：這個主要概念的操作性定義為何？

最初的重點可能是，過度將失敗的體驗一般化。這會讓人產生錯誤的印象，以為失敗就代表了這個人的全部。

4、**檢驗概念**：這個定義在應用上有何局限性？

苦嘗一次敗績，就會使人一輩子都是個輸家嗎？對於每個事業成

功的人來說，他們總是一帆風順、從未失足落敗過嗎？假使某個人失敗了一次，後來轉敗為勝，那麼他算是失敗者或是成功者？

5、**檢驗一致性**：相較於原初的命題，經過精煉後的定義，在表現上如何？

失敗是一場經歷，而不是界定身分的緣由。我們可能遭遇失敗，但在之後卻迎來成功。不應以挫敗的經驗來界定自己。

案例B

1、**確認命題**：提問的問題為何？

為什麼無論取得多大的成就，我總是感到自己的能力不夠好？

2、**確認主要的概念**：這個問題所涉及的主要概念為何？

「夠好」的概念。

3、**界定概念**：這個主要概念的操作性定義為何？

所謂的「夠好」，其實很難界定。我真的不知道「夠好」是什麼意思，或那應該是什麼感覺。也許「夠好」的意思是我最後可以感到心滿意足，並且以自己為榮。

4、**檢驗概念**：這個定義在應用上有何局限性？

在你的心中，是否有一項可以讓你感覺自己「夠好」的成就？你曾經思考過自己先前所獲得的種種成就嗎？如果那些成就無法讓你感到滿足，那麼為什麼你會認為接下來你所克服的困難，就能填補你的空虛感？相反地，如果你過去從未有過完美的表現，那麼你可能獲得滿足感嗎？你可能透過你的表現，試著接受你自己嗎？另一方面，感覺自己「夠好」，是不是我們必須獲得的感受？如果我們前往產科病房的嬰兒室，去看看那兒一個又一個的嬰兒，你可能告訴他們，由於他們的人生還尚未有任何成就，所

以他們「不夠好」嗎？

5、**檢驗一致性**：相較於原初的命題，經過精煉後的定義，在表現上如何？

也許「夠好」並非是你必須等待才能獲得的感受。也許只要你持續盡力而為，你的最佳狀態就會愈來愈好，而那也是不錯的事情。

嘗試「蘇格拉底反詰法」

學習蘇格拉底思考術的下一個步驟，便是運用底下的練習項目在自己身上實作看看。一開始最好選擇一些你不會有太強烈意見的事情，來進行這項練習。先試做一些比較不帶情緒的主題，然後再進展到涉及你更在意的重要基本假定的問題。另一個可以從蘇格拉底的生活經驗學習到的教訓是：一般而言，人們不會喜歡我們以這種提問方式上前與他們攀談。目前請將重心放在自己身上，不斷練習這些方法技巧即可。你可以在網站 http://www.newharbinger.com/52663 下載下面這個練習的副本檔案。

學習「蘇格拉底反詰法」

1、確認命題　提問的問題為何？

....

....

....

....

2、確認主要的概念　這個問題所涉及的主要概念為何？

....
....
....

3、界定概念　這個主要概念的操作性定義為何？

....
....
....

4、檢驗概念　這個定義在應用上有何局限性？

....
....
....

5、檢驗一致性　相較於原初的命題，經過精煉後的定義，在表現上如何？

....
....
....

下一章的重點會放在以這些核心技巧為基礎，將「蘇格拉底反詰法」應用在檢視我們那些自我設限的信念。勤加練習本章所列出的技巧，直到你對於辨明自己的想法，與質疑這種種想法內含的基本假定，在能力上得以獲得某個程度的自信為止。假使你正在跟隨人生教練或心理治療師處理自身的問題，你可以花上數週來熟悉本章介紹的技巧，切勿略過這些基本做法。

· 本 章 重 點 ·

- 對自己的無知一無所悉，是克服無知之弊的第一道障礙。
- 為了戰勝自身的無知，你需要學習辨明與質疑你心中的那些「基本假定」。
- 古老的蘇格拉底的智慧，與現代的認知行為療法，兩者相容不悖。
- 不僅是事件本身，而且也包括你對事件的詮釋，都會影響你的感受與你的反應。
- 你可以學會運用「蘇格拉底反詰法」，來檢驗你本身的想法與感知。
- 在實作上，明智的做法是一開始先嘗試一些你在感覺上不會太過強烈的事情，然後再進展到涉及你更在意的重要基本假定問題。

10 自我探問法：
運用蘇格拉底的思考術來擺脫困境

對事物感到納悶，是哲學家會有的感受；
哲學家的旅程始於驚奇。

——蘇格拉底，引自柏拉圖《泰阿泰德篇》（*Theaetetus*）

我們的智慧誕生於承認有些事物你可能毫無所知，並意識到自己的閱歷匱乏與見識淺薄。前一章著重在介紹「後設認知」（metacognition）的思維技巧，亦即去思考那些並未負載情緒的想法與基本假定的來歷為何。一般而言，我們懷有的那些痛苦的自我設限信念，多是涉及一段思考轉換的過程，因此，我們需要更嫻熟地掌握基本的分析技巧，才能釐清其中的來龍去脈。我們通常需要勤加練習前一章介紹的那些反思方法，並且在熟練一段時間之後，再進到本章的進階練習項目，才能有更多的收穫。

　　若是身為律師，在使用蘇氏的探究方法時，可能會更側重去檢驗論據或證詞的一致性問題。一般而言，這個探問的過程會以「開放式」與「封閉式」的問題，去建立所要評估事物的內容；然後，再以「封閉式」的問題去測試論題或觀點的一致性高低。這即是所謂「反駁論證」的方法。然而，心理師卻可能運用另一種型態的蘇氏探問法，藉以有效評價「自我敘事」（self-narrative）的內容，並從中發現未知或隱藏的真相。

　　蘇格拉底的母親費娜瑞蒂（Phaenarete）是一名接生婆，而蘇格拉底也將他的研究與方法視為「思想的接生術」。這一套哲學的助產手法，稱為「啟發性問答法」，可以幫助人「生產」出有關自身的新想法（而不是直接被告知應該如何看待自己）。針對上述兩種思考方式，本章都會加以介紹。

　　從心理療法的角度來看，使用蘇格拉底探究法的目標，是與前來諮商的人一起思考，而不是代替他們思考。這個共同思索的過程，是從降低思考速度、暫且停頓下來，並專注當下此刻開始做起。然後，雙方一起從當下的思緒後退一步。在此，如果我們可以與折磨人的執念拉開一段距離，不僅能有效地理解事物的原貌，也能以求知的精神來擴展我們的意識範圍，擴大理解的層次。之後，我們便可以綜合所有的訊息，形成一個更周全的觀點。

這些步驟同樣也能為個人所用，將這個由蘇氏啟發的「自我探問法」（Self-Socratic Method），應用在讓人擺脫生活的困境上。假使你能做到與自身的思考過程，在認知上保持一段足夠的距離，並進一步從這個過程中觀察到自己正注視著這些思緒的發生與消逝，那麼你便擁有了所謂的「觀照者理性」（observing mind）或「觀照者自我」（observing self）。

當你針對自身的心理過程與信念結構，開始應用蘇格拉底的探問方法時，這個「觀照者自我」就可能成為你的關鍵合作者。如此一來，你在努力評估自身的基本假定時，就能成為自身的「哲學助產士」。而在一些很難以一己之力讓自己解脫的情況中，尋求專業人士的幫助也可能頗有助益。你可以在網站 http://www.newharbinger.com/52663 下載下面這個「自我探問法」綱要的副本檔案。

自我探問法

「自我探問法」包含以下步驟：

1、**聚焦**：首先，為自己指明想要探問的事項。讓你一直停滯不前的恐懼有哪些？你的自我設限的信念與心中的基本假定有哪些？

2、**理解**：接下來，探究那些基本假定的來龍去脈與根源。那些信念來自何處？信念之所以能夠發展成形的脈絡為何？是否有某些行為模式會伴隨著信念出現？是否已經形成了任何可見的惡性循環？

3、**求知心**：藉由求知與探索的精神，來擴展你的意識範圍，擴大理解的層次。如果你在心理上往後退一步來看，是否遺漏了哪些觀點？是否忽略了什麼背景資訊？你對事態的了解有何不足之處？你是否有某些原本知曉的事情，卻已經忘記？你是否因為迴避或控制等不當舉措，導致你尚未獲得某些重要的經驗？

4、**總結與綜合**：最後，你就能總結與綜合你的探究結果，從而發展出一個新觀點。你可以如何去把所有的訊息收攏在一起，並為自己建立一個周全的觀點？你可以如何施行你的新觀點？你還需要學習或檢驗什麼事物？

步驟1：聚焦

「自我探問法」的第一個步驟是選定要評估的事項。在此必須強調的一點是，想要有效進行蘇格拉底式的對話，那麼每次僅去評估一個基本假定便已足夠。因為當人們談及自身的難題與「自我敘事」時，經常出於非線性的方式。而這種非線性的方式會引領我們進入一種「反芻」的思考狀態。

我們可以去聯想，比方說牛隻的反芻消化系統的運作方式，來理解此處的思維類比。牛隻會消化部分食物，然後吐回口腔中，再咀嚼一次，然後吞回去，再度進行部分的消化，如此反覆循環，去消化一般人類難以處理的食物。然而，人類卻會在心理上針對那些痛苦的或自我設限的信念，進行反芻過程。當某個情境似乎並不合情合理，當然會令人感覺不適。這使得人們往往會一而再推敲這樣的情境，自以為如此一來肯定就能更清楚個中緣由。

然而學者的研究顯示，當人們如此左思右想，結果卻往往出自於一種不平衡的方式，僅專注在所遭遇的事件上。這會導致我們的種種念頭與種種經驗全都混雜交織在一起。如此混雜交織的現象，事實上不僅經常造成變形的記憶重新鞏固起來，而且其中的情節與信念也會變得更極端。換言之，反芻的思考過程傾向於產生更極端的自我敘事。為了避免這種反芻模式的惡果，於是每次僅去評估一件事的做法，更會對釐清事件因由有所幫助。

認識你自己

在此之前,雖然你很可能已經對自己的問題進行了若干反省,但是,現在還是花些時間來盤點一些你可能尚未明確意識到的心中的基本假定。

我在生活中擁有哪些重要的人際關係?

....
....
....
....
....

從這些人際關係中,我得知了有關自己、他人與這個世界的哪些情況或面貌?

....
....
....
....
....

在我的生活中,有哪些主要的經驗塑造出我這個人的模樣與我心中的基本假定?

....

....

....

從那些經驗中,我認識到我在看待自己、他人與這個世界時,存在了哪些基本假定?

....

....

是否有其他重大的因素塑造出我今日的模樣?(比方說,來自同一個文化內部與跨文化間訊息傳播的影響等等。)

....

....

從這些因素中,我得知了有關自己、他人與這個世界的哪些訊息?

....

....

....

在這些基本假定中，是否有哪一個似乎一直讓你作繭自縛？或是造成你沒辦法投入在自己嚮往的生活型態中？你也許對你想要評估的事項已經心中有數。假使確實如此，可以先記錄下來，好讓你持續關注這個問題。如果你尚未確定待評估的事項為何，也用不著擔心，本文的下一個段落就會協助你辨明需要探究的基本假定是哪一個。即使你已經準備就緒，接下來的說明也會讓你更順利地發展出對你的基本假定更佳的理解，給予你更多有利的技巧裝備，去進行蘇格拉底式的探問。

收集資料

在這個階段中，我們經常會介紹一個稱為「自我監控」（self-monitoring）的工具，讓你在探究自身的作業上更加得心應手。「自我監控」的技巧可以讓你獲得主導權，使你能夠恰當地檢驗你的信念之所以存在的理由，以及這些信念如何對你此刻的糾結掙扎產生影響的方式。人類的記憶並非全然可靠，經常會在壓力、失眠、焦慮、心情好壞、慢性疼痛、精疲力盡、人際困境等等因素的作用之下遭到扭曲。於是，如同一句諺語所言：「好記性不如爛筆頭。」重要的是，要去追查你的個人史料，並一一記錄下來，藉以更清楚得知，潛藏在你的苦惱之下那些心中的基本假定為何。

在實際操作上，首先必須追查出你那個特定的煩悶是在何時發生、何時感受最強烈，與最易受到何種情境所觸發。這可能包含來自內在與外在的刺激。對你有益的做法是，大致上明確地描述哪種情緒會與那個煩悶相聯繫，並去評定情緒的強度，以明白哪種情境可能是展開探查的最佳線索。為了協助你學習這個過程，我們可以觀摩底下所列的丹恩的故事：他在探究為何覺得自己是個失敗者的緣由。然後，就會有空間提供給你去探索自己的「自我敘事」。

情境	外在脈絡	內在脈絡	情緒與強度
人、事、時與地	在這個情境中，我的身邊發生了什麼事？	在這個情境中，我的內心發生了什麼事？我的注意力專注在何處？我心中流轉了哪些念頭？	我感受到什麼情緒？從1至100的分數等級中，我的情緒強度可以評為幾分？
我自己；我在準備一個會議報告；星期一早上；上班中	其他同事看起來個個都很有自信、很有生產力。	我感到恐慌。我肯定會搞砸這次的報告。我覺得自己沒能力做好這件事。我擔憂自己會被炒魷魚。我沒辦法專心。我只是不停想著自己是個魯蛇。	害怕，85分
與我的室友們在一起；共同準備晚餐；晚間時刻；在家中	他們詢問我今天過得怎麼樣，可是我一點都不想談。他們試著閒話家常，但我的表現可說莫名其妙，對他們有點沒禮貌。	我並不想談論工作的情形。連想也不願想。一想到工作中的種種，就會讓我回想起自己有多失敗。我感到焦慮，但我很難對室友們講出這些事情。我並不想對他們無禮，但我也完全不想情緒崩潰，讓他們看到我有多害怕。我只是想要這些事情全部一掃而空。	害怕，50分 煩躁，90分

| 我自己；一直滑手機看一堆負面新聞；那晚之後的時刻；在沙發上 | 我的室友們都說我在使性子、很沒趣，於是他們留我單獨一人在家。 | 不用聊上班的情形讓我鬆了一口氣，但卻擔心起我的人際關係。我對自己在家裡製造難題感到生氣。我現在壓力很大，既擔心工作，也擔心家裡的問題。 | 害怕，70分 煩躁，70分 |

我留意到有哪些主題？

我很容易感到恐慌，但我不會跟別人談論這樣的問題。我努力避免回想起讓我煩惱的事情，但同時我卻製造了新的問題（而且有可能是更大的問題）。

在怎樣的外在情境中，這些感覺最強烈？

在我可能搞砸了事情，或看起來像個傻子的那些情況中。

怎樣的內在條件會使情況更加惡化？

迴避。我會避免去面對問題，而這只會使事情更糟糕。

現在輪到你來書寫你的故事。請牢記，這裡的練習題並非萬用法寶，而且，在填寫時也完全不用力求一絲不苟。假使寫下來的某些有用資訊，不小心填寫在不對的欄位上，同樣還是對你很有幫助。此處的首要之務是「收集資料」。之後，我們將會與你一起分析你所寫下的內容。

情境 人、事、時與地	外在脈絡 在這個情境中，我的身邊發生了什麼事？	內在脈絡 在這個情境中，我的內心發生了什麼事？我的注意力專注在何處？我心中流轉了哪些念頭？	情緒與強度 我感受到什麼情緒？從1至100的分數等級中，我的情緒強度可以評為幾分？

我留意到有哪些主題？

在怎樣的外在情境中，這些感覺最強烈？

怎樣的內在條件會使情況更加惡化？

你可以長期地追蹤與檢視,在這個練習題中所寫下的內容。因為對於你面對的人生挑戰,僅僅幾天的時間也許並不足以窺見全貌。而當你收集了一週或數週的資料,也就累積了若干關於自己的主題。如此一來,便能對於自己應該去探究哪個主題,獲得更好的評估。儘管有些在心中流轉的念頭,其實只是無謂的意識噪音或無意義的空話;但是,假使你去追查某些念頭形成的主題,就能對自己發展出的有關自我與外在世界的基礎敘事,獲得更好的理解(參見圖六)。

那些基本自我設限的信念與假定,在在影響著我們為自身所創設的規則、所做出的預測,以及詮釋事件的方式。我們需要一個長期的過程,才能認清心中潛藏的基本信念。

顯露在表面的念頭

為自己創設的假定與規則

基本信念與基本假定

圖六

某人可能在思考過程中，比如說不斷縈繞著「他的家人不愛他」的頑念，而這經常給他帶來難以置信的哀傷。是怎樣的基本假定導引出當事人對與家人的互動情形有這樣的詮釋？而且如此的理解還導致痛澈心脾的感受？也許當事人從詮釋中推斷出他這個人本身就是不討人喜歡，或是絕不會有人來愛他。於是，「不討人喜歡」這樣的自我敘事，可能可以解釋這個人為何會從他對與家人互動情境的詮釋中，衍生出如此強烈的苦惱情緒。

　　再舉一個例子：某人一直考慮離開一段相互依賴的人際關係，於是他可能因此產生一些讓他煩惱的念頭，比如擔心另一個人將無法獨自應對生活上的問題。潛藏在這則惱人念頭背後的基本假定，可能是他們的人生任務便是照顧彼此，而選擇離開的人就會顯得過於自私。

在我的種種基本假定中，有哪些共同的主題？

....
....
....
....

對我來說，哪些情境往往很難處理？

....
....
....
....

在那些情境中,一般來說我會思考什麼?感受到什麼?做出怎樣的行動?

....
....
....
....
....

我對那些情境的典型詮釋是什麼?

....
....
....
....
....

這些情境之所以可能帶來這些想法與情緒的理由,我覺得可能是什麼?

....
....
....
....
....

潛藏在這些情境底層的基本假定，可能是什麼？

....

....

....

....

....

在不同的情境之間，那些基本假定始終都存在嗎？

....

....

....

....

....

　　假使你很難清晰表達，或識別那些潛藏在情境底層的基本假定，那麼你可以採用一個稱為「向下追問法」（downward arrow technique）的哲學探問策略來幫助自己。這個追根究柢的手法會詢問你：假使顯露在表面的念頭（在假設上）是真的，那麼你的詮釋為何會導致你體驗到那樣的情緒？你的基本信念正是顯現於詮釋與情緒的交疊之處上。

為什麼我對情境的詮釋會使我產生這樣特定的情緒反應？

....
....
....
....
....

哪些可能的基本假定可以解釋我的情緒反應？

....
....
....
....
....

這些基本假定對我所面對的挑戰至關重要嗎？

....
....
....
....
....

值得注意的是，這個探究的過程可能費時費力。假使你無法立即識別出你的基本假定為何，千萬別洩氣。因為通常都需要長時間對自己追查與推敲，才能獲知內心的真相。而在你認真探明自己的基本假定期間，同樣也是去實踐前幾章所介紹的斯多噶心理技巧與策略的好時機。

基本假定的可信度

在你鑑別出埋藏在苦惱底層的基本假定後，請花上片刻自問：你覺得這個假定的可信度有多高。假使你發現這個基本假定雖然令人苦惱，卻沒有多大的意義（這個意思是說，你在理智上與情感上並無法百分之百地認同），那麼最佳策略可能是，重新將你的注意力轉向由你的價值與斯多噶美德所導引的生活。

強求與基本假定

最初將斯多噶哲學引入認知療法中的學者之一，即是著名的心理學家亞伯·艾里斯。他的研究特別注重我們的基本假定潛在的不合理性，比方說，隱藏的強求心態，或對挫折難以容忍。

艾里斯在評估我們的基本假定時，曾經以如下的指導原則，總結了他的若干觀察：「有三個強求事項，讓我們止步不前：我必須出類拔萃、你必須對我關懷備至，以及萬物萬物必須順風順水。」（Ellis 2005）

斯多噶人的美好生活，並非全無挑戰或沒有障礙橫阻於前。人們只要對生活有不符合現實原則的嚴格要求，便會滋生出不必要的痛苦。假使你的基本假定是那種你認為「應該」或「必須」施行的事項，那麼這就很可能引發你的嚴重苦惱。

個中的難題便是當事人會頑固地堅持下去。那種要求事情必須怎樣進行，或是強求他人應該如何行事的基本假定，經常會帶來個人的痛苦。因為你會拚命去控制無法控制之事。在此，重要的是去回顧講述斯多噶生活哲學的那些章節內容，就能有效緩和這種事事苛求的心態。

　　一個經常可以見到的現象是，許多人對於這類「應該如何如何」的論述，皆可以脫口而出很多「義正辭嚴」的理由。例如在許多地方，交通法規規定高速公路的內側車道屬於超車之用，所以假使你想超越某輛車，對方就應該駛出內側車道。這是一個明顯的例子，可以說明你可能對基本假定持有許多好理由，並且頑固地堅持己見，卻可能因此使你的痛苦飆升，因為這個世界並非遵循理性原則來運作。假使你不願意接受現實，並想予以對抗，這經常會引發你不成比例的反應，使問題更難以有效處理。

　　相反地，斯多噶哲思則常常側重於考量你在某個情境能掌控的部分為何。假使要求人們「應該守法而有禮地駕駛車輛」這樣的基本假定，連結上強烈的情緒反應（比如憤怒），那麼你可能需要評估這個假定是否還有更多未被釐清的內容：比方說「人們應該守法而有禮地駕駛車輛，但如果他們沒有照做，那麼，我完全無法忍受」；或是，「人們應該守法而有禮地駕駛車輛，但如果他們沒有照做，那麼我就要懲罰他們」。假使你的基本假定著重在你無法掌控的條件，就可能使你難以專注在那些你掌控之內的情境元素。

檢驗你的定義

　　蘇格拉底經常使用他的方法去評價有關美德與道德的事物。但是在評價之前，他會先界定這些等待評價的詞彙定義問題。假使我們要評價某件事情是否具有善意，首先就必須界定何謂善意。假使要評價某個行為是否

合乎道德，自然就必須先去定義何謂道德。同樣的道理，假使要應用蘇氏的思考方法，來檢視我們那些自我設限的信念與敘事，就必須先去界定所要評估的事物意味著什麼。

例如，某名女子認為自己是個「糟糕的母親」。在我們要評價該女子的這個信念之前，需要先審視她對於「稱職的母親」的理解為何。就這個情況來說，已經有充分的資料表明不可能會有完美的母親。而且通常來說，較良好而實際的目標應該是成為一個「夠好的母親」，才具有可行性。這名母親假使想要評估自己對於自己（與來自他人對於她）的期望，一開始可以先探問她的「目標是什麼」的問題。

我們的苦惱不只是來自基本假定而已，也會被「假定之內的假定（或定義）」所引發。「怎樣的好才算『夠好』？」這個問題（或類似的其他可能問法），經常是這個探究過程中一個需要釐清的關鍵點。

再舉一個例子：某個人認為自己是個失敗者，或是對失敗懷有恐懼心理。首先重要的是，去評估這個人界定失敗的方式。假使這個人將失敗者定義成只要出現任何遭到挫敗的情況，便算是輸家，那麼他將只可能成為失敗者而已，因為生活中不可能事事都成功達陣。其實許多人在界定成功（或怎樣才算是沒有失敗）的關鍵特質時，常常提及的是毅力與膽識。

第三個例子是：某個人相信自己不討人喜歡。在此，有許多基本假定需要一一檢視。首先，人有可能不討人喜歡嗎？這個人從多大的年紀開始就產生了這樣的信念？嬰兒有可能呱呱墜地後就沒人喜愛嗎？你一直以來所接收的愛意，是否可以當作你「應得的愛意」的準確判準？我們經常會錯誤地將他人看待你的價值，與自己的內在價值兩者混為一談。

對於各種概念的定義，我們往往會受到來自自己情緒的顯著影響。所以，重要的是設定一個適用於所有人的一般化定義，以便有效抵銷經由我們的認知濾鏡所產生的扭曲現象。請花上片刻去思索你正在評估

的基本假定,並思考你界定其中重要詞彙的方式。**翻查辭典可能頗有助益**。假使所涉及的詞彙屬於絕對事物(absolute)的範疇,可以試著分解成一系列的概念,然後建立可以接受的取捨點,藉以確定你所使用的詞彙的意義。

我在評估什麼?我如何界定?		
我害怕自己是個失敗者。如果我犯了錯,這就是失敗,而我也就成了失敗者。		
我的定義切合實際嗎?	是	**(否)**
我的定義可以人人通用嗎?(適用自己與他人)	是	**(否)**
我的定義使我感到沮喪嗎?	**(是)**	否
我可以想出另外的更周全與合理的定義嗎?	**(是)**	否
適用於探究過程的可行定義是:		
失敗,意味著因為害怕而放棄,而不是因為我犯了錯。如果我害怕犯錯,我就不可能成功。		

我在評估什麼？我如何界定？		
我的定義切合實際嗎？	是	否
我的定義可以人人通用嗎？（適用自己與他人）	是	否
我的定義使我感到沮喪嗎？	是	否
我可以想出另外的更周全與合理的定義嗎？	是	否
適用於探究過程的可行定義是：		

步驟2：理解

以「自我探問法」探究自身心理的第二個步驟是逐步理解在你的生活中那些基本假定的形成方式，與持續受到強化的過程。

過去是否已經有人對我特別說過這些事情（有關我的基本假定）？如果有的話，那個人是誰？

....

....

或者，這是我推論出來的嗎？如果是，我是怎麼做到的？

....

....

....

我可以追查出這個基本假定的由來嗎？

....

....

....

....

昔日的經驗

假使這個基本假定是你一直背負在心中的想法——彷彿你的心是一只後背包，始終裝載著這個假定——那麼，你能回想起自己是在何處將這個想法納入心中？是不是你自己形成了這個想法？或是來自別人？那是你從單一一次的經驗中獲得的嗎？或者，那是經年累月才逐漸發展而成？

在接下來的練習項目中，有關這個基本假定的根源問題，請寫下你所記得的來龍去脈。這個過程可能會讓你在情感上感覺難受，你可能需要視情況調整作答的步調。練習題的目標並非要鉅細靡遺寫出一則創傷敘事，而是在大體上講述有關這個基本假定如何發展出來的過程。筆者會先示範，接著由你撰寫。

我的這個基本假定的根源是：

有關我對失敗的恐懼，我的第一個記憶是在成長過程中逐漸感覺到，對我爸爸來說，我所做的每一件事情都不夠好。我記得在功課上我很努力用功，但每次給他看我的成績，他從來都沒有特別表示過什麼。我還記得，我也很努力在體育上有所表現，但他從來都沒來看過我的比賽。這就好像我做的每一件事都不夠好一樣。

我的這個基本假定的根源是：

....

....

....

提出證據

重要的是，去思考是否有支持這項基本假定的其他證據。在此，要提防自己以某個想法或假定來作為另一個想法或假定的證據。我們要檢視的是「事實」。而我們在思索的過程中，其他重要的基本假定可能也會伴隨而來；假使果真如此，那麼你可以先記錄下來，往後再去評估。這些其他的假定可能也值得特別另行考查。

有哪些事實或證據可以支持此刻正在評估的基本假定？

支持我為什麼害怕成為魯蛇的主要證據是：我一事無成。我的人生已經遭遇過幾次挫敗的事件。我之前就因為逃避心態與拖延習慣，在工作上惹出一堆麻煩。我有一次因為這樣，結果就被開除。另外一次是已經到了快被炒魷魚的情況，不過我在公司叫我走人前就先辭職了。所以，我確實有一些實例讓我感覺自己搞砸了，因為我最後都遭到解雇。

有哪些事實或證據可以支持此刻正在評估的基本假定？

....

....

....

....

....

....

為基本假定概述實情

　　最後，你要對所評估的這個假定，就目前追查到的支持事例與證據，做出總結式陳述。

對於那些支持所評估的基本假定的種種事例，請做出一個摘要概述。

有關我是個失敗者的基本假定，是源自我早年與父親的互動關係使然。在這些互動經驗中，我總是覺得自己做的每一件事情對他來說都不夠好。而現在支持我是個魯蛇的證據是，我沒有什麼重要的成就或成功。而且我的拖延習慣與逃避心態，也導致我之前在上班時惹出麻煩與丟了工作。

對於那些支持所評估的基本假定的種種事例，請做出一個摘要概述。

....
....
....
....
....
....
....

步驟3：求知心

有關你所評估的基本假定與支持這個假定的種種事例，在你發展出切合實際的理解之後，便來到了以求知心擴展意識範圍與理解層次的時刻。而個中的重點是，去獲知你所遺漏的訊息。

是否遺漏了脈絡資訊？

我們對特定情境建立的詮釋，後來經常會越出那個情境的範疇，被我們概化起來。此處的重點是，去認清基本假定之所以滋生出來的來龍去脈為何。而如此一來，你才能辨明那個發展脈絡與此刻所面對的環境脈絡，兩者之間的異同。可以花上片刻去思索，那些早年的情境所坐落的脈絡背景。比方說在你年幼時，你是否在某個程度上感覺到因為年紀小而對一切無能為力？這個脈絡資訊對於理解你的基本假定極為關鍵。你是否曾經明顯遭受來自某個對你重要的人的惡劣對待？而這個人是否具有若干特質，使他異於一般人或全部的人？

你的基本假定是在怎樣的環境脈絡中形成？而那樣的脈絡符合你的當前處境嗎？相似或相異的程度如何？

某個重要的脈絡是，真的沒有什麼事情可以讓我爸爸眼睛為之一亮。實際上，他比較是個不露感情的人。事情並不是他會為某個人感到驕傲，而不會為我感到驕傲。不是這樣。他只是情感疏離而已。

你的基本假定是在怎樣的環境脈絡中形成?那樣的脈絡符合你的當前處境嗎?相似或相異的程度如何?

是否有惡性循環?

　　我們對於難題的回應方式,假使輕忽以待,反而讓難題落地生根,這時就會產生惡性循環。比如某個人由於害怕失敗而放棄或迴避艱鉅的任務,便可能是含有惡性循環的例子。因為,如此的行為導致的意外結果即是——沒有成功的機會。假使你不願意冒險一試,你便與成功絕緣。而如此所產生的惡性循環,就是當事人在思考自己的能力問題時,根本沒有可以拿來作為例證的成功經驗,他也會對於「自己是個失敗者」的謬誤自我敘事,繼續信以為真。事實上,他只是害怕成為失敗者而已。於是,應該捫心自問的問題是,當這個基本假定活化起來的時候,我們要如何自處與應對。

　　人們經常透過不當的控制或迴避策略,來應對眼下的處境,試著讓煩惱降到最低。大體上,這個短期應對方式雖然引起的內心抗拒最小,卻會衍生出長期的痛苦。

當所涉及的基本假定活化起來的時候，我會如何反應？這個行為會產生怎樣的長期後果？

當我感覺自己沒辦法做得夠好，或是心中升起「就要搞砸了」的恐懼感時，我往往會不斷對身處的情境左思右想，最後就逃之夭夭。這會讓我感到身心俱疲。而造成的長期後果是，這導致我這輩子沒有太多可以表現的機會。我基本上一直工作不多，而且一事無成。這也促使我產生關於失敗者這樣的「自我敘事」。

當所涉及的基本假定活化起來的時候，我會如何反應？這個行為會產生怎樣的長期後果？

....

....

....

....

對自身的認識與經驗之間是否有落差？

在應對生活問題時，人們經常因為使用不當的控制或迴避策略而造成經驗不足的後果。這種經驗的缺乏連帶也導致人們對改正行為的體驗所知不多。從科學或哲學的角度來看，為了收集具有代表性的經驗樣本，當事

人有時需要主動去實驗才行。你稍早已經審視了當所涉及的基本假定活化起來的時候，你一般會有的行為反應為何。

現在你需要去了解，由於那些假定對你造成的限制，你因此**不會**投入的活動與經驗為何。也許你需要先確認會投入的活動有哪些，如此一來，才能辨別與收集新的經驗與新的證據——這甚至需要觀察一段時間才行。請牢記，假使你決定實施某個新行為，在第一次進行時，極可能會一波三折。作為人，我們面對的一項挑戰是：通常一開始會笨手笨腳，不得不堅持到底，然後才會逐步邁向得心應手的階段。你也許可以在發展出新的行為模式之後的某個時間點，再回來重讀這個段落。

由於我的基本假定所造成的限制，使得我沒有投入過哪些活動與經驗？

一般而言，我不會去碰自己覺得可能會搞砸的事情。我會因為害怕失敗，而放棄或避開那些活動。結果這導致了對於我如果去嘗試，能力表現會如何的問題，我真的完全沒有概念。我猜想，我一開始進行時大概不會很厲害吧，需要努力堅持下去，才可以發展出我想要擁有的工作能力。

由於我的基本假定所造成的限制，使得我沒有投入過哪些活動與經驗？

....

....

....

....

是否有其他可能的解釋？

本節的概念可以運用一個人人皆知的觀念來說明：「相關不等於因果」。有時兩件事情可能看起來彼此相關，實際上卻毫無關聯。一個常被舉出來的例子是，冰淇淋的銷售業績與謀殺案發生率兩者的相關性。

根據某些資料顯示，當冰淇淋的營業額飆升，謀殺案的發生率也會隨之陡升。兩者的相關性可能讓人以為冰淇淋是危險的食品。然而有第三個變數可以說明這個相關現象：冰淇淋往往在夏日的銷售量會增加，因而存在著種種與夏季關聯的因素，比如氣溫偏高，可以更好地去解釋殺人案增加的緣故。

請花些時間仔細琢磨，就你的基本假定來說，是否還有其他潛在變數，可能在其間起作用？是否有若干其他因素會影響你所探究的問題與結果？是否有某些情境脈絡、其他行為、某個事件或文化上的因素，也在你的信念形成過程中，扮演一定的角色？

在思考我的基本假定時，是否有其他的變數或因素可以提供解釋？

這個嘛，我的基本假定主要是受到我爸爸的影響。可能來自他本身的什麼因素，才使得我的那些念頭比較像是「他弄出來的結果」，而不是「我自己弄出來的結果」。比如他之所以情感疏離，肯定是有一些背後的原因可以解釋。說起來，我到現在都從來沒有想過，我的問題可能比較跟他有關，而不是跟我有關。

在思考我的基本假定時，是否有其他的變數或因素可以提供解釋？

....

....

....

....

找出與基本假定不相符的經驗

　　我們的基本假定經常可能過度概化那些實際發生在我們身上的事情。為了更好地理解現實狀況與基本假定之間的細微差別，重要的是留意你的基本假定過去並未如實應驗的事例。是否有任何例外的情形發生？是否曾經出現過你預期發生的事情卻並未發生？也許有若干這樣的事例出現時，你可能並未注意到。社會心理學經常發現，人們往往會看到他們預期看到的事物，並且傾向於記得他們曾經看過那些原本預期會看到的事物。

　　這個意思是指，我們經常需要去追查與記錄那些通常會被遺漏的具有差異性的經驗。這是因為我們的心理系統經常會將這些不同的經驗排除在外。我們必須花時間追查或記錄這些事情，這對自己至關緊要。例如對於相信自己工作能力欠佳的人來說，他可能會特別專注在自己的缺點上，而忽視那些優秀的表現。這種思考模式會擴大當事人原本相信自身能力不足的信念。陷入如此難題的人，可從持之以恆記錄自己的成就中獲益，藉此讓自己對於被排除的事情，能夠擁有更周全的記憶。

根據你的基本假定，請花些時間思考：在你的人際互動中，最可能留意到哪些元素。比方說，如果某人的基本假定是其他人都粗野又自私，那麼他很可能會遺漏人們表現出謙恭有禮的事例。而基本假定自己是才疏學淺的人，則可能遺漏或排除自己的稱職表現或學養造詣。認為自己總是會被拒絕或忽視的人，則可能排除那些自己被接納或受到與其他人同等對待的經驗。

我最可能遺漏問題情境中的哪些面向？

一般而言我會不在意自己在工作上表現不錯、甚至很好的那些情況。我是這麼擔心自己搞砸事情，或被人發現自己是豬隊友，以至於我通常都不會暫時停下腳步來回顧自己的好表現，並認可自己的成績。

我最可能遺漏問題情境中的哪些面向？

....
....
....
....
....
....
....

培養與基本假定相反的行為

是否曾經發生過完全與你的基本假定背道而馳的例外經驗？你可能需要花些時間去追查這些例外狀況，以便讓你對於所發生的事件獲得一個更周全的理解。有時候為了促進例外狀況的發生，就需要培養新的行為模式。例如，某個害怕失敗的人往往會在一瞥見失敗的徵兆時，就提早放棄，這也使得他不會有太多可以增強信心的成功經驗。所以他可能需要發展出新的行為模式，以便擁有一些與他的基本假定相反的新經驗。

與我的基本假定明顯不一致的經驗有哪些？

我並沒有很明顯的不同經驗。我往往因為害怕失敗，而迴避負擔重責大任。我在上班時是有幾次做得還挺像樣的，主管還直接對我說我做得不錯。儘管一般而言我對這樣的稱讚並不會多想。

與我的基本假定明顯不一致的經驗有哪些？

檢驗基本假定的實用度

一個相當實際的做法是：直接檢視那些基本假定的實用程度是高是低。這個意思是指，我們不必著重於基本假定在經驗上真實與否的問題，而是關注這些假定所造成的結果為何。我們可以自問：這是值得擁有、對我有幫助的基本假定嗎？相信這樣的基本假定，會如何左右我的行為並進一步影響隨後的事件？是否有看待處境的其他觀點？而且這個新觀點恰好可以推動你所希望投入的行為類型？

我因為相信我的基本假定，所造成的短期與長期效應是什麼？

由於我相信自己能力不足，短期來看的話，造成我在生活上苦惱叢生。我往往會切換成逃避模式，這進一步損害了我的長期發展與進步的可能性。由於認為自己能力不足，所造成的長期影響是，我看起來真的就像是一個沒什麼本領的草包一樣，而原因很簡單：因為我這一生都沒有真正去冒險過。

我因為相信我的基本假定，所造成的短期與長期的效應是什麼？

....
....
....
....

考量其他的證據或因素

我們可以檢驗是否有任何其他的證據或因素可能影響基本假定的準確度。也許會有其他的理由，使你不再對你的基本假定信以為真。

是否存在其他的事實或證據，可以用來否定我的基本假定？

當我隨意翻閱這本練習簿時，突然讀到了「雙重無知」這個概念：我們除了不知道自己在做什麼，還對自己的無知一無所知──而這是最危險的無知。我有缺點，我也知道自己有這些缺點──這本身其實就是一種「能力」的表現。這樣想並不一定會讓我開心，但知道自己不是個天真的傻瓜，還是有能力意識到自己的缺點，這一點倒是很不錯。

是否存在其他的事實或證據，可以用來否定我的基本假定？

_____
_____
_____
_____
_____
_____
_____

步驟4：總結與綜合

「自我探問法」這個探究過程的目標是：讓你可以後退一步，從那些基本假定的深淵探看這一切的流轉起落。如此一來，你便能夠好好審視所遭遇的種種困擾，進而建立一個更周全與準確的觀點。

在心理上，想要走出你既有的敘事，並嘗試看清事物的原貌，這本身就是一項挑戰。在這個過程中，你要認清：作為人，你的感知能力原本即有所局限。了解自己可能並非無所不知，正是邁向智慧的第一步。在最後這個步驟，你將對這一整場的自我對話過程，做出一個周詳的摘要。

總結

在最後這個步驟的第一個階段中，我們要扼要地陳述，關於反思我們的基本假定所獲得的點點滴滴，從而建立一個更加面面俱到的看法。請先觀摩以下的示範寫法，然後再進行你個人的練習。你可以配合自己的步調慢慢來。隨時都可以往回翻閱，去瀏覽之前寫下的文字。你可能會在情緒上倍感壓力，所以請從容地慢慢彙整訊息即可。

這場蘇格拉底式的自我對話過程，我的總結摘要如下：

有關我是個失敗者的這個基本假定，是從我幼年時與爸爸的互動中逐漸形成。在那些互動中，我總是覺得我所做的一切對爸爸來說都不夠好。而就現在來說，支持我是個失敗者的證據是我沒有什麼重要的成就或成功。而且，我的拖延習慣與逃避心態也導致之前在上班時惹出麻煩與丟了工作。我在這個探索的過程中，辨別出了重要的背後脈絡因素。比方說，我爸爸

似乎並不以我為榮；不過，他可能只是情感疏離而已，我不必以為他是特別針對我才這麼表現。我先前並未想過這一切可能是他造成的問題，並不必然是我自己咎由自取。而且我之所以缺乏成就，似乎是因為我會害怕實際去嘗試所造成的結果。但我更害怕的是失敗，而不是擔心自己放棄；我從未去測試自己的真正潛能。我在工作上是有過一些好表現，即使並不是多麼值得一提的小事，但對我還是很重要。

知道我可以意識到自己有缺點這件事，確實對我有幫助，因為我就不是那種「雙重無知」的人了。

這場蘇格拉底式的自我對話過程，我的總結摘要如下：

綜合

「蘇格拉底反詰法」一開始是透過問答的方式，先去界定之後所要證明或反駁的概念。在你運用「自我探問法」的過程中，最初也建立出對於想要評估的那個基本假定的定義。而且你後來也將那個定義發展成更周全與通用的觀點。

在這個階段中，你要去比較那個通用的定義與你在總結摘要中的陳述，兩者間的異同。你在此將會清楚見到你的基本假定是否已經證明為真，或者是否有需要對基本假定進行修改。

重述你的基本假定。

「我就是個失敗者」的念頭讓我害怕。失敗後來意味著我反而因為擔心犯錯而提早放棄。然而，如果我害怕犯錯，我便無法成功。

你的總結摘要是否證實了你的基本假定為真？

沒有。我並不是個失敗者，因為我尚未完全放棄。儘管如果我一直逃避接受挑戰，就可能走上魯蛇之路。說來矛盾的是，我對失敗的恐懼，可能最後會使我成為失敗者；如果我不改變的話，就會這樣。

你從這場蘇格拉底式的對話中，得知了更多有關自己的訊息。請以更符合這些訊息的方式，再次講述你的基本假定。

只有一直過著恐懼與逃避的生活，我才是個失敗者。實際去面對我的恐懼，並且去挑戰自己，才能讓我走上成功之路。

重述你的基本假定。

....
....
....

你的總結摘要是否證實了你的基本假定為真？

....
....
....

你從這場蘇格拉底式的對話中，得知了更多有關自己的訊息。請以更符合這些訊息的方式，再次講述你的基本假定。

....
....
....

　　這場對話是有關一生發展的一次密談。因為，你已經辨明了那些與舊有的基本假定相符的行為。並且你也針對將培養的新的基本假定所需要的行為進行了澈底的思索。哪些行為才符合你的價值與斯多噶的美德呢？相信你已經具備了一定的認識。簡單而言，能夠獲得洞見已屬難能可貴，但是，洞見假使能夠搭配行為上的改變，就會讓你如虎添翼。

・本　章　重　點・

- 你可以學習蘇格拉底的思考方式，藉以戰勝那些自我設限的信念。
- 第一步是去指明，你想要深入探究的信念為何。
- 其次，去理解信念形成的過程。
- 然後，運用求知的精神去擴展你的觀點，以便看清你所遺漏的事物。
- 最後，使用總結與綜合的策略，去建構出一個周全的新觀點與行動步驟。

參考文獻

- Adams-Clark, A. A., X. Yang, M. N. Lind, C. G. Martin, and M. Zalewski. 2022. "I'm Sorry: A New DBT Skill for Effective Apology." DBT Bulletin 6(1): 29–30.
- Addison, J. 1713. Cato: A Tragedy. As It Is Acted at the Theatre-Royal in Drury-Lane, by Her Majesty's Servants. London: Shakespear's Head.
- Aurelius, M. 2003. Meditations: Living, Dying and the Good Life. Translated by G. Hays. London: Phoenix.
- ———. 2013. Meditations, Books 1–6. Translated by C. Gill. London: Oxford University Press.
- Beck, A. T. 1976. Cognitive Therapy and the Emotional Disorders. New York: Meridian.
- ———. 1989. Love Is Never Enough: How Couples Can Overcome Misunderstandings, Resolve Conflicts, and Solve Relationship Problems through Cognitive Therapy. New York: Harper & Row.（《只有愛永遠不夠：透過認知治療幫助伴侶克服誤解、化解衝突和解決關係難題》，中文版，遠流出版社，2023）
- Beck, A. T., and E. A. P. Haigh. 2014. "Advances in Cognitive Theory and Therapy: The Generic Cognitive Model." Annual Review of Clinical Psychology 10: 1–24.
- Brach, T. 2004. Radical Acceptance: Embracing Your Life with the Heart of a Buddha. New York: Bantam.（《全然接受這樣的我：18個放下憂慮的禪修練習》，中文版，橡樹林出版社，2023）

- Chiaradonna, R., and R. C. G. Galluzzo. 2013. Universals in Ancient Philosophy. Pisa: Edizioni Della Normale.
- Dillon, J., ed. 2003. The Greek Sophists. London: Penguin.
- Dodds, E. R. 1990. Gorgias: A Revised Text, with Introduction and Commentary. New York: Clarendon Press.
- Ellis, A. 1962. Reason and Emotion in Psychotherapy: A Comprehensive Method of Treating Human Disturbances. Secaucus, NJ: Citadel. （《理情行為治療》，中文版，張老師文化出版社，2002）
- ———. 2005. The Myth of Self-Esteem: How Rational Emotive Behavior Therapy Can Change Your Life Forever. Buffalo, NY: Prometheus Books. （《無條件接納自己》，簡體中文版，機械工業出版社，2017）
- Epictetus. 1995. The Discourses: The Handbook, Fragments. Translated by R. Hard. Edited by C. Gill and R. Stoneman. London: Everyman.
- Gilbert, P. 2009. "Introducing Compassion-Focused Therapy." Advances in Psychiatric Treatment 15(3): 199–208.
- Gilbert, P., and S. Procter. 2006. "Compassionate Mind Training for People with High Shame and Self-Criticism: Overview and Pilot Study of a Group Therapy Approach." Clinical Psychology & Psychotherapy 13(6): 353–379.
- Gill, C. 2010. Naturalistic Psychology in Galen and Stoicism. London: Oxford University Press.
- Graver, M. R. 2019. Stoicism and Emotion. Chicago: University of Chicago Press.
- Greenberg, L. S. 2004. "Emotion-Focused Therapy." Clinical

Psychology & Psychotherapy 11(1): 3–16.

- Grimes, P., and R. L. Uliana. 1998. Philosophical Midwifery: A New Paradigm for Understanding Human Problems with Its Validation. Costa Mesa, CA: Hyparxis Press.

- Harper, K. 2014. Cato, Roman Stoicism, and the American "Revolution." Sydney: University of Sydney.

- Hayes, S. C., K. D. Strosahl, and K. G. Wilson. 2016. Acceptance and Commitment Therapy: The Process and Practice of Mindful Change. New York: Guilford Press.

- Holiday, R. 2014. The Obstacle Is the Way: The Ancient Art of Turning Adversity to Advantage. New York: Portfolio. (《挫折逆轉勝：認知×行動×意志，32個聰明應對困境的心理技巧》，中文版，遠流出版社，2024)

- ———. 2016. Ego Is the Enemy. New York: Portfolio. (《最難對抗的就是你自己》，中文版，商周出版社，2024)

- Holiday, R., and S. Hanselman. 2020. Lives of the Stoics: The Art of Living from Zeno to Marcus Aurelius. London: Penguin. (《知命不懼：從芝諾到馬可・奧理略的生活藝術》，簡體中文版，華齡出版社，2024)

- King, C. 2011. Musonius Rufus: Lectures and Sayings. Seattle: CreateSpace.

- LeBon, T. 2022. 365 Ways to Be More Stoic: A Day-by-Day Guide to Practical Stoicism. London: John Murray One.

- Linehan, M. M. 2014. DBT Skills Training Manual, 2nd ed. New York: Guilford Press. (《DBT®技巧訓練手冊》，中文版，張老師文化出

版社，2015）

- Maslow, A. H. 1966. The Psychology of Science: A Reconnaissance. New York: Harper & Row. （《科學心理學》，中文版，崧燁文化事業有限公司，2022）

- Nehamas, A. 1998. The Art of Living: Socratic Reflections from Plato to Foucault, vol. 61. Berkeley, CA: University of California Press.

- Overholser, J. C. 2018. The Socratic Method of Psychotherapy. New York: Columbia University Press.

- Padesky, C. A. 1993. "Socratic Questioning: Changing Minds or Guiding Discovery." Paper presented at the European Congress of Behavioural and Cognitive Therapies, London. http://padesky.com/wp-content/uploads/2012/11/socquest.pdf.

- Pangle, T. L. 2018. The Socratic Way of Life: Xenophon's "Memorabilia." Chicago: University of Chicago Press.

- Peterson, C., and M. E. P. Seligman. 2004. Character Strengths and Virtues: A Handbook and Classification. New York: Oxford University Press.

- Pigliucci, M., and G. Lopez. 2019. A Handbook for New Stoics: How to Thrive in a World Out of Your Control—52 Week-by-Week Lessons. New York: The Experiment.

- Plato. 1997. Complete Works. Edited by J. M. Cooper and D. S. Hutchinson. Indianapolis, IN: Hackett.

- Plutarch. 1914. Plutarch's Lives. Translated by B. Perrin. Cambridge, MA: Harvard University Press. （《希臘羅馬英豪列傳》，中文版，聯經出版社，2009）

- Polat, B. B. 2019. Tranquility Parenting: A Guide to Staying Calm, Mindful, and Engaged. Lanham, MD: Rowman & Littlefield.
- Ramelli, I. 2009. Hierocles the Stoic. Cardiff, UK: Sanderson Books.
- Robertson, D. 2010. The Philosophy of Cognitive-Behavioral Therapy: Stoicism as Rational and Cognitive Psychotherapy. London: Karnac.
- ———. 2012. Build Your Resilience: CBT, Mindfulness and Stress Management to Survive and Thrive in Any Situation. London: Teach Yourself.
- ———. 2013. Stoicism and the Art of Happiness. London: Teach Yourself.
- ———. 2019. How to Think Like a Roman Emperor: The Stoic Philosophy of Marcus Aurelius. New York: St. Martin's Press. (《像羅馬皇帝一樣思考：如何用斯多噶哲學應對困頓、危難、不確定的人生》，簡體中文版，中央編譯出版社，2023）
- Robb, H. 2022. Willingly ACT for Spiritual Development: Acknowledge, Choose, & Teach Others. Long Beach, NY: Valued Living Books.
- Sellars, J. 2013. The Art of Living: The Stoics on the Nature and Function of Philosophy, 2nd ed. London: Bloomsbury Academic.
- ———. 2020. The Pocket Stoic. Chicago: University of Chicago Press.
- Seneca. 1917–1925. Moral Epistles, vol. 1. Translated by R. M. Gummere. Cambridge, MA: Harvard University Press. (《塞內卡道德書簡：致魯基里烏斯書信集》，簡體中文版，社會科學文獻出版社，2021）
- ———. 2004. Letters from a Stoic. Translated by R. Campbell. Harmondsworth, UK: Penguin.

- Stankiewicz, P. 2020. Manual of Reformed Stoicism. Wilmington, DE: Vernon Press.
- Tee, J., and N. Kazantzis. 2011. "Collaborative Empiricism in Cognitive Therapy: A Definition and Theory for the Relationship Construct." Clinical Psychology: Science and Practice 18(1): 47–61.
- Tirch, D., L. R. Silberstein-Tirch, R. T. Codd III, M. J. Brock, and M. J. Wright. 2019. Experiencing ACT from the Inside Out: A Self-Practice/Self-Reflection Workbook for Therapists. New York: Guilford Press.
- Vlastos, G. 1991. Socrates, Ironist and Moral Philosopher, vol. 50. Ithaca, NY: Cornell University Press.
- Waltman, S. H., R. T. Codd, L. M. McFarr, and B. A. Moore. 2020. Socratic Questioning for Therapists and Counselors: Learn How to Think and Intervene Like a Cognitive Behavior Therapist. New York: Routledge. (《心理治療中的蘇格拉底式提問：像認知行為治療師一樣思考和干預》，簡體中文版，中國輕工業出版社，2024）
- Waltman, S. H., and A. Palermo. 2019. "Theoretical Overlap and Distinction between Rational Emotive Behavior Therapy's Awfulizing and Cognitive Therapy's Catastrophizing." Mental Health Review Journal 24(1): 44–50.
- Waltman, S., and L. Sokol. 2017. "The Generic Cognitive Model of Cognitive Behavioral Therapy: A Case Conceptualization-Driven Approach." In The Science of Cognitive Behavioral Therapy, edited by S. Hofmann and G. Asmundson. London: Academic Press.
- Xenophon. 1970. Memoirs of Socrates and the Symposium. Translated by H. Treddenick. Harmondsworth, UK: Penguin.

國家圖書館出版品預行編目(CIP)資料

斯多噶心理韌性練習簿：用書寫與自己對話，成為順應變化、勇於突破困境的斯多噶人！／史考特．瓦特曼(Scott Waltman)、川特．寇德三世(R. Trent Codd III)、凱西．碧爾思(Kasey Pierce)著；沈台訓譯 .-- 初版 .-- 臺北市：遠流出版事業股份有限公司, 2025.06

面；　公分

譯自：The Stoicism workbook : how the wisdom of Socrates can help you build resilience and overcome anything life throws at you

ISBN 978-626-418-200-3 (平裝)

1.CST: 古希臘哲學 2.CST: 人生哲學

141.61　　　　　　　　　　　114005691

THE STOICISM WORKBOOK: How the Wisdom of Socrates Can Help You Build Resilience and Overcome Anything Life Throws at You
by SCOTT WALTMAN, PSYD, R. TRENT CODD III, EDS and KASEY PIERCE, foreword by DONALD J. ROBERTSON
Copyright: © 2024 by Scott Waltman, R. Trent Codd III, and Kasey Pierce
This edition arranged with NEW HARBINGER PUBLICATIONS
through BIG APPLE AGENCY, INC. LABUAN, MALAYSIA.
Traditional Chinese edition copyright: 2025 Yuan-Liou Publishing Co., Ltd.
All rights reserved.

遠流博識網
http://www.ylib.com
Email: ylib@ylib.com

斯多噶心理韌性練習簿

用書寫與自己對話，
成為順應變化、勇於突破困境的斯多噶人！

The Stoicism workbook :
how the wisdom of Socrates can help you build resilience
and overcome anything life throws at you

作者	史考特．瓦特曼（Scott Waltman）
	川特．寇德三世（R. Trent Codd III）
	凱西．碧爾思（Kasey Pierce）
譯者	沈台訓
主編	蔡曉玲
美術設計	王瓊瑤
校對	黃薇霓

發行人	王榮文
出版發行	遠流出版事業股份有限公司
地址	臺北市中山北路一段 11 號 13 樓
客服電話	02-2571-0297
傳真	02-2571-0197
郵撥	0189456-1
著作權顧問	蕭雄淋律師

2025 年 6 月 1 日　初版一刷
定價────新臺幣 399 元
　　　　（缺頁或破損的書，請寄回更換）
有著作權．侵害必究 Printed in Taiwan
ISBN────978-626-418-200-3